SER UMA
PESSOA
INTEIRA

Dados Internacionais de Catalogação na Publicação (CIP)
(Câmara Brasileira do Livro, SP, Brasil)

Grün, Anselm
　Ser uma pessoa inteira / Anselm Grün ; tradução de Vilmar Schneider. 3. ed. – Petrópolis, RJ : Vozes, 2014.

　Título do original : Ein ganzer Mensch sein : die Kraft eines reifen Glaubens

　6ª reimpressão, 2025.

　ISBN 978-85-326-4387-2

　1. Conduta de vida 2. Cristianismo 3. Espiritualidade I. Título.

12-05503　　　　　　　　　　　　　　　　　　CDD-230

Índices para catálogo sistemático:
1. Teologia cristã　　230

ANSELM GRÜN

Ser uma pessoa inteira

Tradução de Vilmar Schneider

Petrópolis

© 2006, Verlag Herder GmbH, Freiburg im Breisgau

Anselm Grün
Tradução do original em alemão intitulado
Ein ganzer Mensch sein – Die Kraft eines reifen Glaubens

Direitos de publicação em língua portuguesa – Brasil:
2012, Editora Vozes Ltda.
Rua Frei Luís, 100
25689-900 Petrópolis, RJ
www.vozes.com.br
Brasil

Todos os direitos reservados. Nenhuma parte desta obra poderá ser
reproduzida ou transmitida por qualquer forma e/ou quaisquer meios
(eletrônico ou mecânico, incluindo fotocópia e gravação)
ou arquivada em qualquer sistema ou banco de dados
sem permissão escrita da editora.

CONSELHO EDITORIAL	PRODUÇÃO EDITORIAL
Diretor	Anna Catharina Miranda
Volney J. Berkenbrock	Eric Parrot
	Jailson Scota
Editores	Marcelo Telles
Aline dos Santos Carneiro	Mirela de Oliveira
Edrian Josué Pasini	Natália França
Marilac Loraine Oleniki	Priscilla A.F. Alves
Welder Lancieri Marchini	Rafael de Oliveira
	Samuel Rezende
Conselheiros	Verônica M. Guedes
Elói Dionísio Piva	
Francisco Morás	
Teobaldo Heidemann	
Thiago Alexandre Hayakawa	

Secretário executivo
Leonardo A.R.T. dos Santos

Editoração: Rachel Fernandes
Diagramação: Sheilandre Desenv. Gráfico
Capa: Érico Lebedenco

ISBN 978-85-326-4387-2 (Brasil)
ISBN 978-3-451-28897-5 (Alemanha)

Este livro foi composto e impresso pela Editora Vozes Ltda.

Sumário

Introdução – Minha marca vital, 7

1 O que é maturidade humana?, 9

2 O que significa espiritualidade?, 11

3 O desafio: viver a própria vida, 14

Parte I. O objetivo: ser uma pessoa inteira, 17

4 Auxílios no caminho: indicações dos psicólogos, 19

5 O autoconhecimento como tarefa espiritual, 35

Parte II. O que nos impede – Obstáculos para uma
fé madura, 37

6 O primeiro obstáculo: o medo diante do mundo e Deus
como uma droga, 39

7 O segundo obstáculo: recalque do instinto e
perfeccionismo, 45

8 O terceiro obstáculo: quando as imagens nos
mantêm presos, 53

Parte III. Tornar-se um ser humano inteiro – Passos
da conversão, 59

9 O mistério da conversão, 61

10 Os pensamentos e os sentimentos, 67

11 O corpo, 84

12 Os sonhos, 88

13 A relação com nossos semelhantes, 93

14 O trabalho, 100

Parte IV. O caminho cristão – Exercícios da fé,
exercícios no tornar-se um ser humano, 105

15 A Bíblia, 107

16 A oração, 113

17 Os sacramentos, 117

18 O Ano Litúrgico, 127

Parte V. A forma de uma fé madura, 133

19 A força de uma fé madura, 137

20 As características de uma fé madura, 143

21 A promessa bíblica: Ser uma pessoa inteira, 155

Passagens bíblicas, 161

Introdução
Minha marca vital

Eu vim para que tenham vida e a tenham em abundância.

João 10,10

1
O que é maturidade humana?

A metáfora do amadurecer deriva do crescer de uma fruta. Amadurecer é um processo de crescimento. Uma fruta está madura quando se torna aquilo que deve ser a partir da sua natureza e quando se torna saboreável para o paladar. Maduro é um ser humano que desenvolveu a sua essência e se tornou uma bênção para os outros. Segundo *Gordon W. Allport*, maturidade significa o desenvolvimento da pessoa à personalidade. Integrar à personalidade tudo o que está à disposição: capacidades e possibilidades, lados bons e lados ruins.

Maduro é o ser humano que se tornou coerente em si, que não está mais dividido entre as suas diferentes necessidades e possibilidades. Ele uniu tudo em si; tornou-se um ser humano inteiro. Não se desfaz mais em diversos papéis, mas se tornou um consigo mesmo. Em todo ser humano existe um anseio profundo de amadurecer-se e unir tudo em si. Hoje, muitos se sentem, antes, fragmentados e interiormente desagregados. Neste caso, anseiam se tornar unos e inteiros.

Maturidade não é algo que se desenvolve apenas para si mesmo, mas é também algo que sempre representa um gozo para os outros. A fruta amadurece para que possa ser saboreada. O ser humano amadurece para que os outros possam participar da sua maturidade e se alegrar com ela. É divertido conversar com uma pessoa madura. Em troca, é importuno ter de se envolver com pessoas imaturas. Gosta-se de apreciar uma fruta madura; o mesmo também acontece com uma pessoa madura. Perto dela, nos sentimos bem. A coerência interior da sua personalidade cria uma atmosfera positiva no grupo em que ela se encontra. O ser humano maduro não gira em torno de si mesmo, mas, a partir de seu próprio centro, responde aos desafios da vida e da situação em que ele está colocado.

2
O que significa espiritualidade?

A fé e a devoção nem sempre foram associadas à maturidade humana. Outrora, consideravam-se devotas as pessoas que oravam todo dia, que gostavam de ir à missa e se interessavam por livros religiosos. No monaquismo antigo, a devoção era algo diferente. Dela não fazia parte nenhuma beatice, mas sim muita força. Os antigos monges falavam da *militia christi*, do serviço militar para Cristo. Nesse serviço, a pessoa tinha de crescer e amadurecer interiormente, a fim de saber combater. Era uma espiritualidade poderosa que os monges proclamavam e com a qual despertavam o interesse de um grande número de homens e mulheres jovens.

As multidões de homens jovens, que partiam para o deserto para viver como monges, sentiam a força e a paixão presentes na procura por Deus dos Padres do Deserto. Naquela época, os monges eram chamados de "atletas". Eram combatentes a favor de Deus, deixavam-se desafiar pela sua paixão por ele. No deserto, no lugar mais escuro da Terra, no lugar em que vivem os demônios, queriam combatê-los. E estavam convencidos: por meio de sua vitória sobre os demônios, também prestavam uma contribuição significativa para o mundo. Porque se o lugar mais escuro da Terra ficasse mais iluminado, o mundo inteiro ficaria um pouco mais claro e restabelecido.

No monaquismo, a vereda espiritual sempre foi também um caminho de amadurecimento humano. Conhecimento próprio e conhecimento de Deus estavam estreitamente relacionados. Assim diz *Evágrio Pôntico*, o escritor monacal possivelmente mais importante do século IV: "Queres reconhecer a Deus, aprende a conhecer a ti mesmo". *Evágrio* estava convencido de que não há um encontro verdadeiro com Deus sem um encontro sincero consigo mesmo. Espiritualidade significa, para ele, que o monge primeiro se ocupou com as paixões de sua alma e purificou seu interior, a fim de se abrir para Deus. Porque Deus quer morar num coração puro. Neste sentido, os monges interpretaram a palavra de Jesus: "Felizes os puros de coração, porque verão a Deus" (Mateus 5,8). Era necessário um trabalho árduo e sincero para alcançar um coração puro.

Crer não tinha nada de infantil em si, mas era um desafio à própria vitalidade, um estímulo para crescer e amadurecer pessoalmente. A fé tinha uma força em si, que fazia o ser humano progredir também humanamente. É a respeito desta força de uma fé madura que quero falar neste livro.

Abbas Antão disse: Deus não manda à geração atual batalhas como as enviadas aos padres. Ele sabe que ela é fraca e não poderia resistir[1].

Os monges gostavam dessas figuras do combate. O combate testa o monge. Quanto mais forte é o combatente, mais forte é também o adversário. Assim consta da Madre do Deserto Sinclética:

Por sua vez, ela disse: Quanto mais progressos fizerem os combatentes, mais fortes devem ser os oponentes com os quais combatem[2].

---

1. Apophtegmata patrum 23: Aqui e à continuação citado conforme: Weisung de *Väter: Apophthegmata patrum, auch Gerontikon oder Alphabeticum genannt* [Ditado dos Padres (do Deserto): Apophthegamata patrum, também chamados de Gerontikon ou Alphabeticum]. Introduzido e traduzido por Bonifaz Miller. Freiburg im Breisgau 1965.
2. Apophtegmata patrum 905 [nota 1].

3

O desafio: viver a própria vida

No sentido espiritual, tornar-se maduro significa realizar *a imagem única* que Deus fez de mim para si. Essa ideia espiritual da maturidade se baseia numa imagem bem determinada do ser humano. Todo ser humano – assim diz *Romano Guardini* – é *uma palavra única* que Deus fala apenas a respeito deste ser humano. E a nossa tarefa consiste em fazer com que essa palavra única que Deus atribuiu pessoalmente apenas a nós se torne audível na nossa vida neste mundo. Toda pessoa é capaz de exprimir com sua vida algo sobre Deus que só ela pode expressar. Quando estou em proximidade com a minha palavra original, sou coerente, entro em contato com o meu verdadeiro si-mesmo, com a autêntica e original imagem de Deus em mim.

Posso expressar essa singularidade do ser humano também com outra imagem: todo ser humano deixa gravado, com sua vida, uma marca vital neste mundo, que só ele, por si mesmo, é capaz de imprimir. Maduro é o ser humano que imprime sua *marca vital de pessoa original*, em vez de se orientar pelas marcas dos outros.

Quando conversamos sobre essa imagem da marca vital durante um curso, um jovem me contou da prática de esquiar. Ele deslizou com seus esquis através da "neve eterna" e, em seguida, observou de cima seu rastro. Isto o fascinou. Assim ele pode imaginar muito bem que, com sua vida, imprime sua marca única na "neve eterna" deste mundo. Nesse ato, ele não se compara com os outros. Não precisa copiar outras marcas. Ele é a sua marca, que corresponde à sua essência. Ele realmente estava com vontade de imprimir esta marca, de maneira clara e inequívoca, na "neve eterna".

- Como você percebe a maturidade? Que imagens surgem em sua mente ao pensar numa fruta madura?
- Você conhece pessoas maduras com as quais gosta de se encontrar? Quais são os traços que essas pessoas revelam? Como você identifica uma pessoa madura?
- Qual é a palavra única que Deus falou em você? Não reflita muito sobre isso, mas sinta dentro de si qual é a palavra que surge espontaneamente!

PARTE I

O objetivo: ser uma pessoa inteira

4
Auxílios no caminho: indicações dos psicólogos

O que é um ser humano inteiro, maduro? As distintas escolas psicológicas oferecem, cada qual, uma resposta diferente para essa questão.

Psicanálise (Sigmund Freud)

Para *Sigmund Freud*[3], maduro é quem desenvolve um eu forte, capaz de desfrutar e de renunciar, de se impor no mundo. E pertence à maturidade libertar-me do superego, das vozes interiores dos pais, as quais continuam a me cunhar e determinar. Primeiro, devo examinar o superego para poder discernir entre as vozes dos meus pais e as minhas próprias vozes. E, em seguida, desenvolver e aguçar a minha própria consciência.

Além disso, faz parte da maturidade não me opor, pura e simplesmente, às vozes dos pais, mas tão somente libertar-me de ser determinado por estas vozes. Ao

---

3. *Sigmund Freud* (1856-1939). Médico formado (psicologia e neurologia), desenvolveu, a partir do estudo da história de vida de doentes psíquicos, a "psicanálise", que identifica na dinâmica dos processos anímicos inconscientes o principal motivo psíquico.

libertar-me interiormente, posso descobrir também os valores positivos dos pais e colocá-los em prática na minha vida. Maduro é, segundo Freud, aquele que se familiarizou com o inconsciente, com os instintos reprimidos e as necessidades suprimidas. Freud chama essa área de o id.

O id é a parte escura, inacessível de nossa personalidade. Familiarizar-se com os instintos não significa vivenciá-los plenamente, mas levá-los em conta e lidar com eles em liberdade. Para Freud, o processo de amadurecer inclui também reconciliar-me cada vez mais com a realidade e adaptar-me a ela de forma livre. Quem ainda permanece preso à ideias infantis é imaturo. Acha que o mundo externo se orienta pelas suas ideias. A adaptação à realidade significa uma relação adequada à realidade ao meu redor. Ao me envolver com a realidade como ela é, liberto-me de quaisquer ideologias. Na ideologia, improviso para mim o meu próprio mundo, para esquivar-me do mundo real. No entanto, neste caso, vivo num mundo artificial e não posso crescer e amadurecer.

Psicologia humanista

Para a *psicologia humanista*[4], maduro é quem realiza a si mesmo e desenvolve a sua vocação única durante

---

4. Como terceira orientação terapêutica – junto com a terapia comportamental e a psicanálise –, a "psicologia humanista" abrange toda uma gama de formas terapêuticas. Todas elas são caracterizadas pela premissa humanista de que a existência humana não é simplesmente preestabelecida, mas atribuída: "Torna-te quem tu és". Cf. nota 15 (nota sobre a psicologia humanista).

a sua vida. O ser humano maduro tem a sua própria valoração interior e age de acordo com ela, em vez de se orientar pelas expectativas dos outros. Ele desenvolveu a sua personalidade e encontrou a sua singularidade. Entrou em contato com a sua fonte interior, com os recursos que estão à sua disposição desde a infância.

Toda pessoa tem em si uma fonte da qual pode haurir. É, antes de tudo, a fonte do Espírito Santo que nela brota. Quando estamos em contato com ela, podemos trabalhar muito, sem fatigar. Obtemos novas ideias e encontramos em nós fontes que nos foram concedidas pelos pais. Uma pessoa ouviu dos seus pais, por exemplo, que os problemas são solucionáveis. Ao haurir dessa fonte, ela lida com os conflitos com mais facilidade do que as pessoas que sentem que qualquer conflito lhes rouba toda sua energia. À maturidade pertence descobrir as próprias fontes e haurir delas. Quem vive dos seus recursos, cresce e floresce.

Psicologia profunda (Carl Gustav Jung)

Para *Carl Gustav Jung*[5], amadurecimento significa trilhar o caminho da individuação, da autorrealização. Esse caminho prevê que eu consiga ir do eu para o si-

---

5. *Carl Gustav Jung* (1875-1961). O médico dedicou-se, primeiro, à psicanálise de Freud; desenvolveu, em seguida, porém, uma forma autônoma da "psicologia analítica", sobretudo por meio de análises de sonhos e da investigação comparativa de mitos. Conhecida é sua teoria do inconsciente coletivo, em que arquétipos, protótipos, cunham o modelo fundamental da percepção anímica.

mesmo, para o meu núcleo pessoal mais profundo, que engloba o consciente e o inconsciente, o divino e o humano. O ego quer impor-se no mundo. Do amadurecimento faz parte desenvolver um ego forte. No entanto, não devo deter-me no ego, senão giro apenas em torno da minha autoafirmação. O ego poderia ser situado na região do tórax. Quem é determinado pelo ego tem de inflar-se e apresentar-se exteriormente de maneira especialmente vantajosa. No entanto, isso é, antes, um sinal de imaturidade.

Para *Jung*, todo ser humano está estruturado de modo polar. Temos em nós amor e agressão, intelecto e sentimento, disciplina e indisciplina, fortaleza e fraqueza. Na primeira metade da vida, muitas vezes vivemos um polo, unilateralmente. Neste caso, o outro polo fica na sombra. Ao vivermos unilateralmente, por exemplo, o intelecto, o sentimento fica na sombra e repercute em nós na forma de sentimentalismo. Muitas vezes, a sombra exerce uma influência destrutiva sobre nós.

Faz parte do amadurecimento reconciliar-me com os meus lados sombrios, com os lados que ignorei e reprimi na primeira metade da vida. Porque na sombra existe, para *Jung*, ao mesmo tempo, uma força própria. Ao suprimir a sombra, falta-me um aspecto essencial de minha vitalidade. Justamente no caminho espiritual, muitas vezes corremos o risco de identificar-nos com uma imagem ideal exagerada. É o que nos leva, então, a reprimir nossos lados menos ideais, como agressões, sexualidade e outras necessidades vitais. Neste caso, nem sequer percebemos como a agressão suprimida se expressa na impaciência em relação às outras pessoas ou como a nossa sexualidade reprimida se revela na vaidade com que apresentamos as nossas experiências espirituais diante dos outros, ou na brutalidade com que agimos contra nós mesmos ou contra os outros.

Quanto maiores são os ideais, mais profunda é a sombra. Por conseguinte, *C.G. Jung* recomendou, exatamente como os antigos monges, a humildade como uma virtude decisiva. A humildade exige o exame sincero dos nossos lados sombrios e a reconciliação com eles. A humildade é a coragem de descer às profundezas de nossa alma, onde todas as coisas reprimidas moram e esperam ser resgatadas pela nossa consciência por meio da dedicação afetuosa a elas.

Também faz parte do amadurecimento, segundo *C.G. Jung*, integrar em nós *anima* e *animus*. Todo ser humano – acredita *Jung* – tem em si *anima* e *animus*, forças anímicas femininas e masculinas. *Animus* significa vigor, intelecto, vontade, ideais, criatividade, bem como, no sentido negativo, obstinação e tirania. *Anima* simboliza maternidade, ternura, sentimento, capacidade de relacionamento, crescimento, a que abriga e a que cuida. No sentido negativo, designa aquilo que devora, a amazona ou a intrigante. Geralmente, na primeira metade da vida, o homem projeta sua *anima* na mulher e a mulher projeta seu *animus* no homem. Porém, no mais tardar na segunda metade da vida, chega a hora de remover a projeção e integrar em si *anima* e *animus*. Só dessa maneira o homem se torna um homem inteiro e a mulher, uma mulher inteira. Quando um homem não integra a sua *anima*, ela se revela na instabilidade e também na propensão para o álcool. Quando uma mulher não integra o *animus*, este se expressa na obstinação; neste caso, ela precisa ter sempre a última palavra. Ao integrar a sua *anima*, o homem não precisa mais desvalorizar a mulher. Ele a respeita e recebe inspiração dela. A mulher que desenvolve seu *animus* em si não continuará lutando contra o homem, mas permitirá que ele a inspire. Também no caminho espiritual, precisamos integrar *anima* e *animus*. Quando uma religião é cunhada unilateralmente pelo componente feminino, os homens se afastam dela. Eles precisam também dos aspectos masculinos da religião, como a ascese, o êxtase, a clareza, o silêncio. As mulheres se ofendem, frequentemente, com uma linguagem muito masculina da liturgia. Elas anseiam que apareçam também as imagens divinas femininas.

Quando as mulheres se ofendem com qualquer imagem de Deus masculina, quando os homens fazem valer o seu poder na igreja e, dessa maneira, desvalorizam as mulheres, isto não é um sinal de maturidade, mas de uma imatura luta de gêneros, indicativa de uma falta de integração de *anima* e *animus*. No monaquismo antigo havia padres monásticos e madres monásticas. Ambos se respeitavam mutuamente, ambos estavam fascinados pelo caminho espiritual e se projetavam nesse caminho por causa da sabedoria e da permeabilidade para Deus.

O último estágio do caminho do amadurecimento consiste, segundo *C.G. Jung*, em avançar para o si-mesmo mais íntimo. Isso só dará certo se também integrarmos em nós a imagem de Deus. Portanto, faz parte do tornar-se inteiro que o ser humano admita inclusive a dimensão religiosa. Sem levar em consideração os símbolos religiosos, o ser humano não alcança o seu verdadeiro si-mesmo. *Jung* fala como psicólogo e não como teólogo. Ele fala de Deus como o protótipo, como o arquétipo da alma. Porém, pessoalmente, ele acredita em Deus e também o invoca. Sim, ele até diz: Ele não precisaria acreditar em Deus, ele teria conhecimento dele. "Sei que se trata de uma experiência universal, e, uma vez que não sou uma exceção, sei que também eu tenho semelhante experiência que chamo de Deus."

O objetivo da humanização é entrar em contato com o si-mesmo e se tornar cada vez mais "si-mesmo", a que, em *Jung*, corresponde à imagem autêntica que Deus fez para si de cada ser humano individual.

> Sei que, pelo visto, estou confrontado com uma grandeza em si desconhecida que, no *consensu omnium*, chamo de Deus. Lembro-me dele, chamo por ele, sempre que me sirvo de seu nome, na ira ou no medo, e sempre que digo involuntariamente: ó Deus. É o que acontece quando me deparo com alguém ou algo que é mais forte do que eu. É uma designação adequada para todas as emoções imponentes no meu próprio sistema psíquico, emoções que dominam minha vontade consciente e que exercem poder sobre mim. É a palavra com a qual designo tudo o que cruza, violenta e brutalmente, meu caminho propositalmente planejado, tudo o que subverte minhas concepções, meus planos e minhas intenções subjetivos e que impele minha vida, a todo o risco, em outra direção. Contanto que a origem desse poder do destino se subtraia a minha influência, chamo-o, em seu aspecto positivo e negativo, conforme a tradição, de Deus. Chamo-o de um Deus pessoal, visto que meu destino, no verdadeiro sentido, representa também a mim mesmo, sobretudo quando aquele poder se aproxima de mim em forma de consciência, como uma *vox Dei*, com a qual posso até conversar e discutir.
>
> De uma carta de *Carl Gustav Jung*[6]

Erik Erikson

O psicólogo americano *Erik Erikson*[7] desenvolveu um modelo diferente de amadurecimento. Para ele, a intimidade, a generatividade e a integridade do ego são sinais de maturidade humana, que promove boas relações humanas. O pressuposto disso, entretanto, é

---

6. Carl Gustav Jung. *Briefe*, vol. 3, 276 © 1973 Patmos Verlag GmbH & Co. KG, Walter Verlag: Düsseldorf.

7. *Erik Erikson* (1902-1994). Nascido em Frankfurt, familiarizado com a psicanálise em Viena, Erikson atuou, após a emigração para os Estados Unidos, principalmente como analista de crianças e jovens. Erikson ficou famoso pelo seu modelo abrangente de oito fases do ciclo vital.

um senso de identidade confiante. Preciso de um senso de quem realmente sou. Sem uma identidade clara, no encontro com outras pessoas, caímos na dependência e na submissão.

Muitas vezes vemos isso justamente no âmbito religioso quando as pessoas endeusam um sacerdote ou um autor religioso e o reverenciam como se fosse um guru. Neste caso, elas projetam no guru suas próprias necessidades reprimidas e ficam dependentes dele. Assim, atolam-se na imaturidade. Outras têm muitos contatos, mas nenhuma relação autêntica. Elas são incapazes de ter uma amizade verdadeira, em que abram o coração para o amigo ou a amiga.

Erikson define a generatividade como "o interesse na geração e na educação da próxima geração". Ela está direcionada para a criança, mas do mesmo modo também para uma realização criativa. No ser humano generativo, a vida flui. Ele tem prazer em desenvolver visões para o futuro e se engajar por elas. A pessoa que não possui a generatividade gira em torno de si mesma. *Erikson* acredita que tal pessoa seria a sua própria criança e mimaria a si mesma. Porém, dela não se origina nada, sua vida se torna estéril. Algumas formas de espiritualidade respiram essa esterilidade. Nelas se trata apenas do sentir-se bem. A pessoa fica parada num nível infantil e gira em torno de si mesma e de seus sentimentos religiosos. Mas se recusa a assumir a responsabilidade por este mundo e a colaborar na sua configuração.

Erikson descreve o estado anímico da integridade da seguinte forma: "Ele significa a aceitação do seu ciclo vital uno e único e das pessoas que necessariamente estiveram presentes nele e não podem ser substituídas por nenhuma outra. Significa um amor novo e diferente pelos pais, livre do desejo de que deveriam ter sido diferentes do que foram, e a afirmação do fato de que se é responsável, sozinho, pela própria vida". Em alguns círculos espirituais, hoje é moderno acreditar na reencarnação. Para *Erikson*, isso é uma rejeição da integridade. A integridade surgirá apenas se eu aceitar e configurar esta vida singular que me é dada e me envolver com a limitação de minha vida. Só se eu disser sim para esta vida que Deus me ofertou, irei edificar conscientemente a minha vida e me reconciliar com os meus limites e, no marco desses limites, desenvolver o que existe em mim.

Terapia iniciática (Karlfried Graf Dürckheim)

Para mim particularmente, o encontro com *Karfried Graf Dürckheim*[8] se tornou relevante no meu caminho de amadurecimento humano e espiritual. Dürckheim foi psicoterapeuta. Como cristão ele encontrou o Zen-Budismo e, tendo como pano de fundo o caminho do

---

8. *Karlfried Graf Dürckheim* (1896-1988). Fundador da "terapia iniciática", é pioneiro do movimento Zen, de cunho ocidental, orientado na psicologia de Carl Gustav Jung.

Zen e a psicologia de Jung, buscou desenvolver a assim chamada *terapia iniciática*. *Initiare* significa propriamente: abrir o caminho para o misterioso. O mistério em que o caminho iniciático deve nos iniciar é "a transcendência que nos é imanente, o Cristo que nos é inerente"[9]. *Dürckheim* denomina-o também de nossa "essência". Estamos em contato com nossa essência quando largamos o nosso ego, que somente quer se impor, e nos tornamos permeáveis para o ser, para Deus. O objetivo da terapia iniciática é a transformação do ser humano naquele que testemunha o ser transcendente, "a transformação do ser humano inteiro para a transparência"[10]. O caminho para essa transformação passa pelo corpo, pela meditação e pelo assim chamado trabalho corporal, no qual o corpo se solta de suas tensões e fixações e se torna permeável para a essência, para o divino.

No caminho para sua essência, o ser humano se depara com suas inquietações básicas, que são dadas com a sua existência. São as inquietações básicas "da morte, do absurdo e da total solidão"[11]. *Graf Dürckheim* chama de discipulado de Cristo enfrentar essas inquietações básicas e, dessa maneira, aceitar a cruz da própria humanização que se torna possível apenas por meio do ato

---

9. Karlfried Graf Dürckheim. *Erlebnis und Wandlung* [Vivência e transformação]. Scherz Verlag Bern 1983, 16. Todos os direitos reservados, S. Fischer Verlag GmbH: Frankfurt am Main.
10. Dürckheim. Erlebnis und Wandlung 20 [nota 9].
11. Ibid., 73 [nota 9].

de largar o universo do Eu. O universo do Eu se apega às seguranças deste mundo. No entanto, o si-mesmo espiritual, para o qual o ser humano deveria avançar, é permeável para Deus, é "percutível para Cristo".

Quando alguém é permeável para Deus, isso pode ser constatado no seu corpo. Ao agarrar-se aos seus ombros, a pessoa expressa o seu medo. Por mais que testifique sua crença com palavras, no seu íntimo ela não crê. Não deposita sua confiança em Deus. Agarra-se a si mesmo. Pelo visto, tem medo de entregar-se a Deus. Sempre reajo com ceticismo quando alguém expressa sua confiança em Deus em termos demasiadamente vigorosos. Neste caso, observo atentamente a pessoa e vejo, muitas vezes, quão tensa ela está, como ela se apega interiormente a algo que não é Deus. Porque se ela confiasse em Deus, eu perceberia isso no seu corpo, reconheceria no seu jeito solto e sereno.

O patriarca São Paulo Eremita, discípulo de Santo Antão, contou aos padres o seguinte fato: um dia eu estava num mosteiro para a visitação e para o benefício espiritual dos irmãos. Depois da conversação mútua de praxe, eles se dirigiram à santa igreja de Deus para realizar o serviço rotineiro. São Paulo, disse ele, observava cada um dos que entravam na igreja para ver com que estado de espírito eles vinham à assembleia. É que lhe foi concedido pelo Senhor o dom de ver em cada um como estava sua alma, assim como nós olhamos uns aos outros no rosto[12].

---

12. Apophtegmata patrum 797 [nota 1].

> Por fim, a partir da maturidade humana verdadeira, do tornar-se um do universo do Eu com a essência, resulta como fruto: o ser humano transformado para a transparência, o qual, tornado pessoa verdadeira, pode permitir que Cristo repercuta através dele (e seja) audível para ele mesmo, mas, de modo criador-redentor, também repercuta no seu ambiente.
>
> *Karlfried Graf Dürckheim*[13]

Quando alguém não tem senso para o seu corpo não se tornou realmente maduro. Quando alguém está maduro, reconhecemos isso na sua postura, no seu andar, na sua voz, em toda a sua expressão corporal. Quando alguém quer expressar o seu ego, tem o seu centro no tórax. Quer dar provas de si. Outros têm o peso na cabeça, no intelecto. Deles, Dürckheim diz: "Onde, por exemplo, o ser humano não é capaz de anular o peso do seu intelecto no seu centro corporal, sua transformação permanece, na maioria dos casos, uma ilusão. Somente aquele que é 'sereno' no seu centro pode se libertar do medo. O centro situado muito na parte de cima é expressão de um Eu sempre preocupado com a sua posição, isto é, sem confiança básica na vida e, portanto, propenso para o medo"[14].

---

13. Dürckheim. Erlebnis und Wandlung 79 [nota 9].
14. Ibid., 23s. [nota 9].

Psicologia transpessoal (Abraham Maslow)

Abraham Maslow[15] é considerado o fundador da assim chamada psicologia transpessoal. Ela parte da ideia de que o ser humano deve satisfazer não só as suas necessidades básicas de segurança, comida e bebida, sexualidade, poder e sucesso, mas também as suas necessidades espirituais ou as suas metanecessidades, como *Maslow* as denomina. Tais metanecessidades são as necessidades de experiência espiritual, de desenvolvimento da consciência, de Deus. Porque só o ser humano que lida bem com as suas necessidades básicas viverá de forma madura também as necessidades espirituais. De outra maneira, elas tornar-se-iam, para ele, a fuga da realidade de seu cotidiano.

Por conseguinte, *Maslow* descreve o ser humano maduro da seguinte forma: "Ele tem um senso de pertença e de arraigamento; sua necessidade de amor está satisfeita; ele tem amigos e se sente amado e digno de amor; ele possui *status* e um lugar na vida e é estimado pelos outros; sua autoestima e seu amor-próprio são suficientemente desenvolvidos"[16]. Entretanto, não deve-

---

15. *Abraham Maslow* (1908-1970). Fundador da "psicologia transpessoal". Fundou em 1962 a "Associação Americana de Psicologia Humanista". Cf. nota 4.

16. Abraham Maslow. *Eine Theorie der Metamotivation* [Uma teoria da metamotivação]. In: Roger N. Walsh & Frances Vaughan (orgs.). *Psychologie in der Wende* – Grundlage, Methoden und Ziele der Transpersonalen Psychologie – Eine Einführung in die Psychologie des Neuen Bewusstseins. Munique 1985, 143-152, esp. 143.

mos ficar parados numa boa autoestima. Em nós ainda há outras necessidades.

Ansiamos por Deus, pela experiência dele, pela união com ele e com a criação inteira. Quem vive essas metanecessidades, liberta-se da atitude de girar em torno de si mesmo. Assume a responsabilidade pelos outros. *Maslow* enumera as seguintes características de uma pessoa que se tornou madura: "A consciência da sua responsabilidade pela própria experiência e pela própria felicidade; ou mais sensibilidade em relação aos outros, identificável em mais amor, compaixão e generosidade; um sentido profundo para o mistério da vida, que se reflete no admirar-se, na reverência, na gratidão e no senso ecológico; e, não por último, a participação franca na vida, em que a pessoa se abre para todas as alegrias e todas as tristezas da existência humana"[17]. Nestas palavras, percebe-se a unidade da maturidade humana e espiritual.

Ao trilharem um caminho espiritual em que omitem o caminho da humanização, as pessoas desenvolvem uma espiritualidade que apenas confirma a sua imaturidade. Muitas vezes, a sua espiritualidade causa uma impressão desagradável nos outros. Elas falam de Deus de uma forma que não faz jus, levam Deus para baixo, para o plano da sua postura infantil. Para elas,

---

17. Abraham Maslow. Eine Theorie der Metamotivation 143 [nota 16].

ele continua no mesmo nível do pai e da mãe. Adoram a proteção que experimentam em Deus. Porém, giram apenas em torno de si mesmas. Não têm um senso para as pessoas e as suas carências. São insensíveis às questões do tempo. Para que a nossa espiritualidade toque também os outros e desperte neles o seu anseio espiritual, é preciso ligar a maturidade humana e a espiritual.

Evágrio Pôntico descreve como lidar sinceramente com os pensamentos e as emoções, com as paixões e os demônios, da seguinte forma:

Se uma pessoa vier a conhecer, por experiência própria, os piores demônios e quiser se familiarizar com seu ardil, aconselho-a a observar bem os seus pensamentos. Ela deveria prestar atenção à intensidade deles, inclusive quando enfraquecem, surgem e novamente desaparecem. Deveria observar a diversidade de seus pensamentos, a regularidade com que repetidamente aparecem, os demônios que são responsáveis por eles, qual substitui o anterior e qual não. Em seguida, deveria pedir a Cristo que lhe explique tudo o que ele observou. É que os demônios ficam furiosos principalmente com aqueles que, munidos de tais conhecimentos, praticam a virtude[18].

---

18. Evagrius Ponticus. *Praktikos, Über das Gebet* [Praktikos, Sobre a oração]. Tradução e introdução de John Rudes Bamberger. © 1986 Vier Türme Verlag: Münsterschwarzach, 50.

5

O autoconhecimento como tarefa espiritual

O monaquismo antigo viu e viveu essa ligação interna entre maturidade humana e espiritual. Nele, o caminho para Deus passava pelo caminho sincero do encontro consigo mesmo. Sem autoconhecimento – diz *Evágrio Pôntico*, no século IV – não há conhecimento de Deus. Neste caso, apenas projetaríamos nele os nossos desejos infantis. No entanto, jamais encontraríamos o verdadeiro Deus.

No monaquismo, o processo do amadurecimento passa pelo caminho do crescente encontro com Deus e consigo mesmo. Quanto mais encontro a Deus, mais sou confrontado também comigo mesmo. E inversamente: Quanto mais aprendo a me conhecer, mais sinto que existe em mim um profundo anseio por Deus, anseio que quer ser satisfeito. No monaquismo, o caminho do amadurecimento é, sobretudo, um caminho de transformação. Quando o monge oferece a Deus todos os âmbitos de seu corpo e de sua alma, seu consciente e inconsciente, o Espírito terapêutico de Deus pode penetrar neles e transformá-los.

PARTE II

O que nos impede

Obstáculos para uma fé madura

Há muitos obstáculos no nosso caminho em direção a uma fé madura e a um ser humano inteiro. São empecilhos situados na *história de vida* do indivíduo, fundados na educação ou no meio em que ele cresceu. E há obstáculos que têm sua causa numa *falsa proclamação religiosa*. Se Deus nos foi proclamado de maneira infantil ou, porém, de maneira a provocar medo, então possuímos um obstáculo em nosso caminho para nos tornar uma personalidade madura.

Nem todo aquele que tem uma "fé sólida" está, em seu caminho espiritual, também humanamente maduro. Neste caso, a falta de maturidade humana se expressa, contudo, inclusive numa fé imatura. Na verdade, diz-se acreditar em Deus. Mas essa fé não transformou o corpo nem a alma. Numa pessoa reprimida se percebe que sua crença não corresponde com sua real condição. Ou no caso de uma pessoa que crê de modo muito eufórico se sente que ela, com sua euforia, apenas omite a sua falta de maturidade.

Nos capítulos seguintes (6 a 8) descrevo três obstáculos em nosso caminho para uma fé madura.

6

O primeiro obstáculo: o medo diante do mundo e Deus como uma droga

O primeiro obstáculo é uma *devoção infantil*. Característico dela é que as experiências infantis com os pais são projetadas em Deus. Para a criança é normal projetar nele as expectativas que tem em relação aos pais. Isso é, para ela, até um meio benéfico de se libertar da dependência dos pais. A criança percebe que eles não são tudo. Nos primeiros anos, os pais são para a criança como um deus. Se Deus estiver acima deles, a criança poderá se desprender. No entanto, Deus não está no mesmo nível que o pai e a mãe.

Infantil é uma devoção que leva Deus para baixo, para o nível do pai e da mãe e transfere os sentimentos de afeto pelo pai e pela mãe para a relação com Deus. Só posso conquistar uma relação madura com o Deus paterno e materno se me libertar interiormente do pai e da mãe terrenos. Ao usar as pessoas de maneira infantil e depender completamente delas, também minha relação com Deus se torna infantil.

O psicoterapeuta francês *Marc Oraison* pensa o seguinte: "Só se pode efetivamente ser uma criança em relação a Deus quando se é suficientemente adulto em relação ao ser humano"[19]. Quem, porém, inclusive como adulto, permanece infantil, prejudica, dessa maneira, também a sua relação com Deus. Ele projeta em Deus as expectativas não realizadas de sua infância e, desse modo, fica atolado na sua infantilidade.

> Sem um certo risco à sua saúde mental não se vive muito tempo na companhia infantil, respectivamente, no seio da família. A vida chama o ser humano para a autonomia, e quem, por comodidade e temeridade infantil, não aceita esse chamado, é ameaçado pela neurose.
>
> *Carl Gustav Jung*[19]

Deus nos oferta lar e proteção. Ele é como uma mãe afetuosa junto à qual podemos nos abrigar. Mas também é o Deus do Êxodo, que nos tira das dependências interiores e nos leva ao deserto, para, nele, encontrarmos a nós mesmos e nos libertarmos dos desejos infantis. O objetivo da saída do Egito, da terra do cativeiro interior e exterior, é a Terra Prometida, a terra em que somos inteiramente nós mesmos, em que, livres e independentes, configuramos, nós mesmos, a nossa vida.

---

19. Marc Oraison. *Zwischen Angst und Ilusion*. Christliche Existenz in tiefenpsychologischer Sicht: Freiburg im Breisgau 1960, 190.
20. Carl Gustav Jung. *Gesammelte Werke*, vol. 5, 359. © 1952/1973 Patmos Verlag GmbH & Co. KG, Walter Verlag: Düsseldorf.

Desenvolveremos uma imagem de Deus salutar só se enfatizarmos sempre ambos os polos: o Deus como pai afetuoso e mãe acolhedora e o Deus que nos desafia, que nos envia ao mundo, para o configurarmos e o conquistarmos, para levarmos o Espírito de Jesus até os seus confins. Os discípulos de Jesus tinham presente, em sua fé, ambos os polos de Deus. Eles, os humildes pescadores do Mar da Galileia, depositavam sua confiança infantil em Deus e, nessa confiança, partiam para o mundo, enfrentavam os perigos e testificavam sua fé no martírio.

Quando imaginamos Deus unilateralmente como o Deus acolhedor e afável corremos o risco de transferir para ele a nossa dependência da mãe. Deus se torna, então, às vezes, uma mãe substituta. E nós permanecemos eternamente crianças. Deus se torna, de certo modo, uma droga. Usar drogas é, pois, também a tentativa de ficar para sempre ao abrigo da mãe. O vício é um substituto dela. Deus não deve se tornar uma droga, senão nossa relação com Ele nunca será madura. Ele é o objetivo do nosso anseio. Só Ele é capaz de satisfazê-lo. No entanto, quando somos viciados em Deus, por exemplo, nos sentimentos que associamos a Ele, o fazemos se tornar uma droga. Ele não nos liberta das dependências humanas e não nos ajuda a nos envolvermos com a vida e seus desafios. Porém, em contato com meu anseio por Deus, posso dizer sim ao meu centro e às exigências muitas vezes banais do cotidiano. Neste caso, Deus me liberta para a vida. Deus como droga, por outro lado, cobre-me com a névoa de um mundo de sentimentos ilusórios.

Na sua devoção infantil, muitos se reportam à palavra de Jesus: "Se não vos converterdes e não vos tornardes como crianças, não entrareis no Reino dos Céus" (Mateus 18,3). No entanto, com essa fala, Jesus não quer dizer que devemos permanecer infantis. Antes, devemos aprender a atitude das crianças, que são abertas para o novo, que estão dispostas a se envolver com algo novo, sem dizer: "Nós já sabemos tudo". O que é preciso não é a imaturidade das crianças, mas sua abertura e liberdade dos preconceitos, a fim de obter um sentido para o reino de Deus. E é preciso uma confiança de criança para entrever que, em meio a um mundo em que queremos ter o controle sobre tudo, ainda existe algo diferente em que devemos depositar a nossa esperança.

A confiança de criança, de que Jesus fala inclusive na oração e à qual Ele nos convida, não é infantil. É, antes, uma confiança em que abro o meu íntimo diante de Deus e lhe ofereço também a minha impotência e o meu desamparo. Jesus quer nos exortar à conversão, à *metanoia*, à mudança de pensamento. O objetivo dessa conversão é um pensamento diferente, um pensamento em que Deus tem lugar. O Reino de Deus significa que Ele reina em nós. Em muitos adultos, reinam seus

42

preconceitos, suas necessidades ou seus medos existenciais. Para que Deus possa reinar em nós é preciso a disposição de abrir o coração e deixar Deus entrar nele. Quando Ele reina em nós, não permanecemos infantis. Antes, somos inteiramente nós mesmos – verdadeiramente livres e verdadeiramente nós mesmos.

Em algumas canções e orações religiosas, encontramos uma devoção infantil. Ela deve ser diferenciada de uma confiança de criança em Deus. A confiança de criança leva os adultos a se confrontarem com a sua responsabilidade pelo mundo. A devoção infantil, em troca, permanece estéril para este mundo. Neste caso, trata-se sempre só de belos sentimentos. As pessoas querem ficar constantemente só entre elas mesmas e adorar a Deus. No entanto, não se deixam enviar ao mundo, para configurá-lo e moldá-lo. Devotos infantis têm medo de serem feridos por meio do conflito com o mundo. Neste caso, preferem permanecer no abrigo seguro de seus sentimentos piedosos. Sua infantilidade se expressa, sobretudo, na rejeição à responsabilidade por si mesmos e pela sua vida. Porque se eles não assumem a responsabilidade por si mesmos, tampouco estarão dispostos a assumir a responsabilidade pelos outros no mundo. *Pascal Bruckner* considerou a infantilidade como a característica fundamental de nossa época. O ser humano do futuro é um bebê gigante que envelhece com expectativas gigantescas dirigidas à sociedade. Porém, ele se recusa a assumir responsabilidade. Na nossa espiritualidade não devemos justificar essa tendência patogênica de nossa sociedade ao conceber a fé cristã como uma devoção infantil.

- Você identifica traços infantis em sua devoção? Você consegue diferenciar, no seu caso, entre uma confiança de criança no amor e amparo de Deus e uma devoção infantil?
- Você se sente acolhido na presença salvadora e afetuosa de Deus? Você também está disposto de defender a sua fé publicamente e deixar-se desafiar por Deus para configurar este mundo?
- O que significa, para você, ver Deus como pai, que o apoia e o encoraja a ter ousadia de viver?
- Você consegue ver Deus também como mãe que lhe concede abrigo e proteção, que lhe oferece um lar no amor dele?
- Para você, Deus está no mesmo nível do pai e da mãe? Ou, para você, Deus é, ao mesmo tempo, também o totalmente outro, o inconcebível?

7

O segundo obstáculo: recalque do instinto e perfeccionismo

O segundo obstáculo no caminho para uma fé madura é uma *devoção neurótica*. A neurose é uma tentativa fracassada de processar e solucionar conflitos infantis inconscientes. Muitas surgem na infância, quando a criança é, por exemplo, sobrecarregada emocionalmente e entra num conflito interior. Ela sente a ofensa causada pelos pais. Mas não é capaz de exprimir adequadamente suas agressões e seus instintos, suas necessidades e suas emoções. É que, dessa maneira, ela ofenderia os pais, que se preocupam tanto com ela.

Os estilos de vida neuróticos surgem por meio da incapacidade de viver o que existe em mim. Eles levam a distúrbios profundos e duradouros no âmbito emocional e nos impedem de dizer sim a nós mesmos.

As neuroses nos fixam nas ofensas da infância. Não conseguimos nos desvencilhar mais delas. Em todas as nossas experiências, mesclam-se os conflitos não superados e as feridas traumáticas da infância. As neuroses também podem aparecer quando o adulto busca solucionar conflitos atuais, reprimindo-os.

Para *C.G. Jung*, as neuroses são sofrimentos substitutivos. Porque eu não estou disposto a aceitar o necessário sofrimento de minha finitude, refugio-me em sofrimentos substitutivos. Não quero admitir meus medos e minhas fraquezas. Portanto, refugio-me em compulsões em que aparentemente posso controlar tudo; na realidade, porém, torno-me dependente outra vez e caio num cativeiro interior. Porque não admito minha vulnerabilidade, tento me tornar insensível. No entanto, nesse caso, não sinto mais coisa alguma. Porque não consigo concordar com o fato de ficar doente e morrer, refugio-me em fantasias onipotentes ou numa atitude hipocondríaca que percebe germes patogênicos em toda parte.

> Vi muitas vezes que os homens ficam neuróticos quando se contentam com respostas insuficientes ou falsas às questões da vida. Procuram situação, casamento, reputação, sucesso exterior e dinheiro; mas permanecem neuróticos e infelizes, mesmo quando atingem o que buscavam. Essas pessoas sofrem, frequentemente, de uma grande limitação do espírito. Sua vida não tem conteúdo suficiente, não tem sentido. Quando podem expandir-se numa personalidade mais vasta, a neurose em geral cessa.
>
> *Carl Gustav Jung*[21]

---

21. Carl Gustav Jung. *Memórias, Sonhos, Reflexões*. 18ª impessão. Rio de Janeiro: Nova Fronteira. 1975, p. 127.

Os estilos de vida neuróticos podem se expressar inclusive numa devoção neurótica. Neste caso, muitas vezes não conseguimos dizer o que vem primeiro: o estilo de vida neurótico que distorce a devoção, ou uma devoção neurótica que contagia nossa existência humana.

Há também os assim chamados "eclesiógenos", isto é: neuroses resultantes das experiências eclesiais, portanto, neuroses que foram desencadeadas justamente através do ambiente eclesiástico. Quando alguém cresceu numa atmosfera hostil ao corpo, na qual a sexualidade foi convertida num tabu, esta experiência muitas vezes levou ao medo neurótico diante da sexualidade e da vitalidade. A neurose eclesiógena se revela, frequentemente, em sentimentos de culpa particularmente intensos diante de fantasias e intenções sexuais. Algumas pessoas já se sentem culpadas logo que sentem aparecer nelas uma fantasia sexual. Muitas vezes, isso leva a condutas sexuais evasivas, como o onanismo compulsivo, e também a ideias obsessivas. Há pessoas que não podem ver uma cruz nem presenciar o sacerdote celebrando, sem que sejam inundados por fantasias sexuais.

Outra expressão de tais neuroses devocionais são desgostos depressivos. Porque não se corresponde ao próprio ideal religioso, a alma reage com depressão. Muitas vezes, tais pessoas ficam, então, completamente desesperadas porque sua luta para se tornarem melhores parece ser em vão.

A neurose não precisa resultar numa devoção neurótica. Antes, uma espiritualidade saudável pode perfeitamente ser um auxílio para livrar-se de estilos neuróticos. Porém, isso só dá certo por meio de uma espiritualidade que vê toda a verdade do ser humano e a oferece para Deus. Da humildade faz parte oferecer a Ele precisamente também os traços neuróticos da própria personalidade. Neste caso, pode-se ver nas neuroses inclusive uma tentativa de autoterapia da alma. Ela me convida a me aceitar incondicionalmente diante de Deus. A neurose surge sempre que não gosto de perceber âmbitos essenciais de mim mesmo. Quando, por outro lado, apresento minha neurose na luz de Deus, posso identificar o que ela quer dizer-me. Ela quer dizer-me que digo sim também aos âmbitos que não cabem na imagem ideal que tenho de mim.

Uma devoção neurótica se revela no ato de evadir-se dos conflitos que a vida necessariamente traz consigo. Neste caso, uma pessoa não está disposta a suportar o conflito entre seus instintos e seu anseio espiritual ou o conflito entre seus sentimentos e as normas que vêm ao seu encontro de fora. A devoção neurótica se destaca por meio do recalque e da dissociação. O recalque sempre tem a sua causa no medo. Porque tenho medo de minhas próprias agressões ou de minha sexualidade, recalco-as.

> Uma neurose está realmente "aniquilada" quando ela aniquilou o eu falsamente orientado. Não é ela que é curada, mas ela nos cura. O ser humano está doente; a doença, porém, é a tentativa da natureza de curá-lo. Podemos, portanto, aprender muito para nosso restabelecimento a partir da própria doença, e aquilo que para o neurótico parece absolutamente reprovável, aí se encontra o verdadeiro ouro que, em parte alguma, encontramos.
>
> *Carl Gustav Jung*[22]

Uma forma de recalque é a demonização. Neste caso, agressões e sexualidade são ruins. Por conseguinte, não quero ter nada a ver com isso. No entanto, o que eu recalco continua a repercutir na minha alma. As agressões se manifestam, então, com frequência, numa raiva contra mim mesmo ou numa consciência desumana. Condeno-me, enfureço-me contra mim, puno-me, dilacero-me com autocensuras. Ou, porém, dirijo as agressões contra os outros, insultando aqueles que vivem ou creem de outra maneira. No entanto, nem sequer percebo a minha agressividade. Porque condeno aqueles que têm uma opinião diferente, pois, em nome de Deus. Presenciamos hoje no terrorismo o tipo de comportamento cruel que pode resultar de uma agressão recalcada e, então, extravasada em nome de Deus.

Recalcar e reprimir são duas formas de uma devoção neurótica. Aquilo que se recalcou cai no inconsciente e

---

22. Carl Gustav Jung. *Zur gegenwartigen Lage der Psychotherapie.* @1934/1974 Patmos Verlag GmbH & Co. In: Id. *Mensch und Seele.* Aus dem Gesamtwerk 1905-1961: Dusseldorf, 1984, 161.

atua negativamente sobre o ser humano. O sentimento recalcado se revela como sentimentalismo, a sexualidade recalcada como brutalidade ou como vaidade, a agressão recalcada como defesa fanática da verdadeira fé e da verdadeira moral. Muitas vezes, nem sequer percebemos o elemento neurótico na fé de uma pessoa. Nesse caso, ela parece possuir uma fé firme e inabalável. Porém, num olhar mais atento percebemos que a firme fé, com a qual ela impõe respeito, serve apenas para compensar a sua falta de autoestima.

O que é reprimido se expressa de outra maneira. Ao reprimir minha sexualidade, percebo-a perfeitamente. Porém, neste caso, estou ocupado com ela continuamente. Ao reprimir alguma coisa, desperto nela uma tal força contrária que fico sobrecarregado em lidar adequadamente com o que reprimi. Gostaria de ter o controle sobre o que reprimi. No entanto, não consigo controlar minha agressão nem minha sexualidade. Ambas são energias vitais importantes. Posso apenas me reconciliar com elas, para que a energia nelas existente sirva à minha vida.

Ao reprimir a agressão e a sexualidade, falta-me sua energia para viver. Neste caso, meu agir e pensar ficam sem força e paixão. Minha espiritualidade se torna monótona. Ela perde seu ardor e sua força contagiante. O teólogo pastoral *Adolf Exeler* caracterizou essa espiritualidade monótona da seguinte forma: "Onde a paixão desaparece, ali o bem perde seu brilho e seu ímpeto [...] Pessoas que se envolveram muito intensamente com a Igreja, muitas vezes são consideradas especialmente bem-comportadas e, ao mesmo tempo, especialmente chatas e monótonas".

Uma espiritualidade madura integra a sexualidade na relação com Deus e com as pessoas, e consigo mesma. Quando, porém, a sexualidade não é aceita, o instinto não reconhecido se vinga na alma.

Uma característica essencial de uma espiritualidade neurótica é o *perfeccionismo*. O perfeccionista pretende ser perfeito. O perfeccionismo se reporta a uma palavra como: "Portanto, sede perfeitos como o vosso Pai Celeste é perfeito" (Mateus 5,48). No entanto, Jesus não quer dizer aqui que devemos ser pessoas "sem defeitos", mas inteiras e completas como Deus. Devemos ver e integrar tudo em nós. Como sabemos, Jesus explica sua mensagem por meio da imagem do Deus que faz seu sol brilhar sobre bons e maus, que faz chover sobre justos e injustos.

O perfeccionista se apresenta como obediente à vontade de Deus, e, muitas vezes, é apenas um serviço à própria necessidade de prestígio. Coloca-se, com seu perfeccionismo, acima dos outros. E, ao mesmo tempo, é continuamente atormentado por sentimentos de culpa, exatamente porque ele não é tão perfeito como espera ser. Por trás dos torturantes sentimentos de culpa, frequentemente se oculta uma tendência de auto-punição inconsciente.

O perfeccionismo torna a pessoa cruel e desumana. Porque, por causa dos seus ideais, o perfeccionista não deve tolerar a fraqueza e a imperfeição. Assim, ele procura impor seus ideais com obstinação e brutalidade. No seu empenho por justiça absoluta, entretanto, se esquivam, antes, das obrigações normais do cotidiano. Tudo ou nada é o lema do perfeccionismo. Ideais exagerados servem para erguer-se acima do corriqueiro.

No entanto, desse modo, não parte do perfeccionista nenhuma transformação da realidade. Ele vive num sistema de imposições. Emprega toda a sua energia para cumprir normas internas e obrigações impostas a si mesmo. Assim, não sobra mais energia para se dedicar a este mundo e configurá-lo e moldá-lo.

• Onde se insinuaram traços neuróticos em sua espiritualidade? Seus sentimentos de culpa são adequados ou são a expressão de um recalque do instinto de tipo neurótico?

• Você conhece uma consciência horrível que continuamente lhe sugere culpa ao menor sinal de sentimentos agressivos ou sexuais?

• Você é perfeccionista em sua devoção?

• Veja a sua devoção sem avaliá-la. Talvez existam inclusive traços neuróticos! É certo que ninguém está seguro disso. Examinando-os, eles podem modificar-se.

• Conserve a sua espiritualidade assim como ela é no amor misericordioso de Deus. Nesse caso, as partes neuróticas ficam evidentes e podem dissolver-se.

8

O terceiro obstáculo: quando as imagens nos mantêm presos

Um terceiro obstáculo no caminho para uma fé madura pode resultar da interação entre imagem de Deus e imagem própria. Ambas estão estreitamente relacionadas. Assim como alguém vê a Deus, vê também a si mesmo. Se alguém tiver uma mentalidade de contador, verá também a Deus como contador, que vigia todos os seus atos para registrá-los como débito ou crédito. Quem pune a si mesmo desenvolve também uma imagem punitiva de Deus. Também aqui, muitas vezes não se consegue diferenciar o que vem em primeiro lugar: a imagem neurótica de Deus ou a imagem própria doentia.

As imagens doentias de Deus têm um efeito patogênico sobre a psique. *Josef Rudin* explica isso no sentido de que a imagem de Deus é "o arquétipo mais poderoso, o centro energético mais oculto, pelo qual todos os domínios da vida são, em última instância, moldados fundamentalmente"[23]. A imagem de Deus atrai sobre si a maioria das energias psíquicas. É o "centro secreto da existência humana" e, desse modo, revela-se ao mesmo tempo o "parceiro mais perigoso da existência humana". Portanto, é importante identificar e examinar nossas imagens de Deus a fim de verificar se são patogênicas ou terapêuticas.

O medo diante de uma imagem punitiva de Deus faz com que, hoje, muitos desenvolvam imagens de Deus que descrevem o oposto: o Deus afetuoso e misericordioso, materno e paterno. É benéfico ter tais imagens dele em nossa alma. Porém, nesse caso, há também o risco de se apequenar Deus. Assim, Ele perde a sua influência sobre a alma humana. E, muitas vezes, essas imagens de Deus inofensivas se encontram apenas na superfície. Por baixo continuam a existir imagens demoníacas de Deus. Independentemente das imagens de Deus que existam em mim, elas precisam dos dois aspectos descritos pela psicologia da religião como características do sagrado: o *fascinosum* e o *tremendum*, o fascinante, o entusiástico e também o assustador e o que causa perplexidade. Sem essa tensão, as imagens de Deus se tornam unilaterais e, no final das contas, patogênicas.

---

23. Josef Rudin. *Psychotherapie und Religion*. Seele, Person und Gott: Olten 1960, 161.

Karl Frielingsdorf mostrou em seu livro *Dämonische Gottesbilder* [Imagens de Deus demoníacas][24] que muitos sacerdotes que pregam o Deus misericordioso carregam em si imagens demoníacas e patogênicas de Deus e são existencialmente determinados por elas. Conheci um sacerdote que, com base em sua teologia, sempre falava do Deus misericordioso. Ele também estava convencido disso. No entanto, visto que seu pai era alcoólatra, transferia inconscientemente também para Deus a arbitrariedade que vivenciava com seu pai. E, desse modo, às vezes duvidava de suas próprias pregações e temia que Deus fosse tão arbitrário quanto seu pai. Deus atrapalharia os seus planos. No final das contas, não podia confiar nele. Afinal, nunca se sabe o que Ele está planejando.

Um outro sacerdote sempre foi fascinado, durante seus estudos acadêmicos e em sua vida espiritual, pela graça de Deus. Para ele, o que importa é que Deus nos aceitou por graça e não porque lhe impusemos essa aceitação por meio de nosso desempenho. Porém, em seu inconsciente, ainda era frequente a ideia de que tinha de satisfazer a Deus com sua ação, que tinha de fazer tudo certo e ser perfeito diante dele. Quando saía para passear, logo lhe ocorriam ideias de que ainda tinha várias coisas para fazer na paróquia, visitar este ou

---

24. Karl Frielingsdorf. *Dämonische Gottesbilder* – Ihre Entstehung, Entlarvung und Überwindung. 3. ed. Mainz, 2001.

aquele doente ou ler mais alguma coisa para o sermão. Pregava que os outros dedicassem tempo para a oração e o silêncio. Porém, ele mesmo ficava de consciência pesada só de ficar sentado em silêncio.

As imagens demoníacas de Deus não podem ser retiradas do mundo por meio de argumentos teológicos. *O primeiro passo* para se livrar delas consiste em reconhecê-las e aceitá-las. Elas estão em mim e têm sim alguma legitimidade. Porém, não devo atribuir-lhes uma validade absoluta.

O segundo passo consiste em descobrir na minha psique tendências semelhantes existentes na minha imagem de Deus. Talvez exista em mim uma forte tendência de punição a mim mesmo porque não correspondo aos meus próprios anseios. Ou, porém, desconfiar que eu não esteja vivendo aquilo que, na minha consciência, realmente gostaria de viver. Ao ver a imagem de Deus e, em seu espelho, a mim mesmo, posso me desprender lentamente das facetas demoníacas de minha imagem de Deus e de minha imagem própria desumana.

No entanto, neste caso, não devo contrapor, no mesmo nível, imagens distintas de Deus, por exemplo, contra a imagem do Deus punitivo, a do afetuoso, contra a do Deus arbitrário, a do paterno em que posso confiar. Pois, neste caso, há o perigo de projetar nele os meus próprios anseios. A imagem de Deus ideal leva-me, então, a vivenciar a mim mesmo como alguém inferior e a sobrecarregar-me com essa imagem de Deus.

Antes, trata-se, *no terceiro passo*, de superar todas as imagens que tenho dele e de me entregar ao Deus totalmente outro, que está além de todas as imagens. Preciso de imagens de Deus. No entanto, repetidamente, devo também relativizá-las. Senão o identifico com a imagem que fiz dele para mim. Ao entregar-me ao Deus totalmente outro, torno-me verdadeiramente livre. Nesse caso, Deus permanece realmente Deus. Ele não é um construto da minha fantasia ou de meu pensamento teológico, mas o inconcebível e infinito, o mistério em direção ao qual caminho durante a minha vida.

• Que imagens de Deus você vivenciou em sua história? Como você viu Deus quando criança, jovem e adulto?

• Como você vê Deus agora, neste momento? Você tem imagens ou lhe ocorrem somente associações? Anote essas associações!

• Onde existem, por trás das suas imagens de Deus conscientes, também imagens demoníacas de Deus?

• Você conhece o medo do Deus arbitrário ou do Deus punitivo?

• Você conhece o Deus do desempenho, diante do qual você tem de apresentar um resultado sempre maior?

• Entregue também essas imagens a Deus e se distancie delas.

• Imagine que Deus está além de todas as imagens. Elas expressam algo de Deus, mas ele continua sendo diferente, um mistério inconcebível, bem como um mistério fascinante de amor e de luz.

PARTE III

Tornar-se um ser humano inteiro

Passos da conversão

9

O mistério da conversão

Para os antigos Padres do Deserto, o caminho que conduz a uma fé madura passa pelo encontro sincero comigo mesmo. Deus fala comigo não apenas nas palavras da Bíblia ou da doutrina eclesiástica. Ao aceitar a palavra de Deus apenas como autoridade exterior corro o risco de omitir minha própria existência humana. E, sobretudo, a questão é saber se realmente compreendo a palavra de Deus presente na Bíblia ou se, no fundo, projeto na palavra de Deus minhas necessidades e meus medos recalcados.

Muitos fundamentalistas acreditam ser obedientes à palavra de Deus. Na realidade, porém, a distorcem através de suas próprias projeções. O caminho dos Padres do Deserto é, para mim, uma boa maneira para libertar-se de tais projeções:

• Só se encontrar a mim mesmo, encontrarei verdadeiramente a Deus.

• E só se me conhecer, conhecerei a Deus.

• Só se o encontro com Deus me transformar em todos os âmbitos da minha vida, encontrarei o caminho para uma fé adulta.

O objetivo da vereda espiritual no monaquismo é a transformação do ser humano. O Espírito de Deus deve penetrar em todos os âmbitos do ser humano, a fim de iluminar o inconsciente e escuro, integrar o alienado e curar o ferido. O objetivo é ser transformado cada vez mais na imagem única e original que Deus fez de mim para si. Para descobrir essa imagem, tenho de enfrentar, porém, a minha realidade com todas as facetas do meu ser. Os monges descreveram cinco âmbitos que devemos examinar e oferecer a Deus, para que possam ser transformados:

1) Os pensamentos e sentimentos
(capítulo 10)
2) O corpo (capítulo 11)
3) Os sonhos (capítulo 12)
4) A relação com os semelhantes (capítulo 13)
5) O trabalho (capítulo 14)

Gostaria de examinar esses cinco âmbitos para descrever o amadurecimento de uma pessoa que crê. Neste caso, considero que a figura da transformação é importante. *Transformação* é algo diferente de *mudança*. Queremos nos mudar quando não podemos nos aceitar assim como somos. Às vezes, as estratégias de mudança têm algo de agressivo em si. Enfurecemo-nos contra nós mesmos. Transformação é algo mais brando, o transformado pode ser apenas aquilo que eu aceitei. Por conseguinte, é válido, então, examinar e aceitar tudo em mim mesmo e, em seguida, oferecer a Deus.

Transformação precisa sempre do encontro. Não tenho de realizá-la eu mesmo. E tampouco a deixo simplesmente a critério de Deus. Minha parte é me aventurar inteiramente na relação com Ele. Aí a transformação pode acontecer. Nesse encontro, nada é excluído. Antes, exatamente diante de Deus, torno-me consciente daquilo que, em mim, ainda contradiz a imagem genuína e original que Deus fez de mim para si.

O conto das três línguas

Um conde suíço enviou seu filho para um mestre, para aprender algo sensato. Depois de um ano, ele retornou. E havia aprendido a língua dos latidos dos cães. Furioso, o pai o enviou a um outro mestre. Ali ele aprendeu a língua das rãs e, no terceiro ano, a língua dos pássaros. Decepcionado, o pai ordenou que ele fosse morto; no entanto, ele conseguiu escapar.

Durante sua jornada, ele chegou a um castelo. Ali queria pernoitar. O dono do castelo pôde lhe oferecer apenas a torre em que viviam cães selvagens que latiam muito e que já haviam devorado algumas pessoas. No entanto, o jovem homem não teve medo. Como sabemos, ele era capaz de compreender a língua dos latidos dos cães e falar com eles. Ele começou a conversar amigavelmente com os cães. Os mesmos revelaram que eram tão selvagens e latiam tão alto porque guardavam um tesouro. Eles mostraram-lhe o tesouro e ajudaram-no a desenterrá-lo. E, em seguida, desapareceram. E a terra ficou em paz.

O jovem seguiu para o sul e passou por um lago em que as rãs coaxavam. Ali ele ficou triste porque percebeu que elas coaxavam a seu respeito. Por fim, ele chegou a Roma; ali o papa havia acabado de morrer. Os cardeais não conseguiam chegar a um consenso sobre o novo papa. Então, eles decidiram que o próprio Deus deveria lhes indicar, por meio de um milagre, quem ele gostaria de ter como papa.

Neste instante, o jovem homem entrou na Basílica de São Pedro. Duas pombas brancas pousaram em seus ombros. Para os cardeais, era um sinal de que era ele que deveria ser escolhido para papa. Primeiro, ele resistiu. No entanto, as pombas o encorajaram a aceitar a escolha.

No conto das três línguas há uma figura apropriada para a transformação. Ali onde os cães latem mais alto em nós também está o nosso tesouro. Tesouro é, na Bíblia, uma figura para o verdadeiro si-mesmo, para a imagem original de Deus em nós. As agressões que latem em nós – a sexualidade, o zelo, o medo, a depressão –, todas elas nos revelam que ainda vivemos ao largo de nosso verdadeiro si-mesmo, que nos impusemos uma imagem que não corresponde ao nosso verdadeiro ser.

Devemos ser gratos quando os cães latem. Assim, podemos nos colocar à procura do tesouro. Neste sentido, deveríamos examinar nossos pensamentos e sentimentos, nossas doenças e nossos problemas no trabalho e no convívio. Não se trata de tê-los sob controle, mas de permitir que eles nos remetam para o tesouro que existe em nós.

No conto, a figura para o ser humano espiritual é o "papa". Faz parte de uma espiritualidade salutar – assim diz o conto – que falemos a língua dos latidos dos cães, que compreendamos nossos pensamentos e sentimentos, nosso corpo e os problemas de nosso cotidiano.

Precisamos também da língua das rãs. É a língua dos sonhos, do inconsciente.

Só se dominarmos essas duas línguas seremos capazes de aprender a língua dos pássaros, a linguagem espiritual. A espiritualidade precisa, portanto, primeiro, de uma base sólida a fim de se tornar autêntica e madura.

> Ou qual o rei que, saindo ao campo para fazer guerra a outro rei, não senta primeiro e examina bem se com dez mil pode enfrentar o outro que contra ele vem com vinte mil? Do contrário, quando o outro ainda está longe, envia uma delegação para negociar a paz.
> Lucas 14,31-32

O que o conto das três línguas expressou numa linguagem figurada, Jesus já havia visto de modo semelhante em suas parábolas. No Evangelho de Lucas Ele diz: o rei simboliza o si-mesmo interior. Os dez mil soldados são um símbolo da minha própria força de vontade, da minha disciplina, do meu intelecto, da minha ambição. Pretendo derrotar os inimigos de minha alma, os meus erros e as minhas fraquezas. No entanto, ao lutar contra os meus inimigos interiores, desenvolvo uma força contrária tão forte que fico permanentemente ocupado com ela. Dito metaforicamente: utilizo toda a minha energia para construir fortificações contra os meus inimigos. Estou ocupado sempre só com o combate e não tenho mais energia para viver.

Jesus me aconselha a fazer as pazes com os inimigos. Neste caso, os inimigos podem se tornar amigos. E o meu país se torna mais vasto. Em vez de dez mil soldados, agora tenho trinta mil. Meu horizonte interior se torna mais amplo e minhas forças aumentam.

10

Os pensamentos e os sentimentos

Os antigos monges compreenderam seu caminho espiritual principalmente como intercurso com os nove poderes da alma e da consciência, os assim chamados *logismoi*. Esses poderes são pensamentos sentimentais ou também reflexões e construtos. *Evágrio Pôntico* chama-os também de paixões ou instintos. E ele os designa frequentemente de demônios. Demônios são figuras para a força desses pensamentos e sentimentos. Esses poderes também podem dominar o ser humano e, assim, apartá-lo de sua verdadeira essência. O pressuposto da luta com as paixões é admiti-los. *Evágrio* nos aconselha a nos familiarizarmos com eles. Do contrário, não podemos lutar contra eles. Nas paixões, existe também uma força. Ao reprimi-las, falta-nos a sua força. Não se trata de lutar contra as paixões, mas lutar com elas, a fim de aproveitar a força que nelas existe para o nosso caminho para Deus.

O objetivo do confronto com os nove poderes da alma é a paz interior (*apatheia*, o não sofrer). Para *Evágrio*, ela é a saúde da alma. Não é um estado insensível, mas um estado em que estou livre do aprisionamento patológico às minhas paixões. Conheço minhas paixões e as integro na minha relação com Deus. Elas não continuam a me dominar, mas estão a serviço do meu caminho para Deus.

> Um irmão veio ao patriarca Poimen e disse: Padre, tenho todo tipo de pensamentos e corro perigo por causa deles. O patriarca o conduziu para o lado de fora e lhe disse: Abre o sobretudo e detém os ventos! Isso eu não posso! Então, o ancião lhe disse: Se não podes isso, tampouco podes impedir que teus pensamentos venham a ti. Porém, é tua tarefa resistir a eles[25].

Segundo *Evágrio*, trata-se de um estado de profunda paz interior, "que surge sob a influência do amor a partir da integração plena e harmoniosa da vida emocional"[26]. Quem alcança esse estado, torna-se interiormente saudável e maduro. Seu amor não continua misturado com ideias infantis ou afetado por tendências narcisistas, desejos de posse ou necessidades de poder.

Cassiano traduziu *apatheia* como "pureza do coração". A relação com as paixões conduz, portanto, a um estado de clareza e sinceridade interiores, sem segundas intenções. Sou transparente em relação à minha verdadeira essência e em relação a Deus? Sou interiormente livre e puro/sincero? Em todos nós existe um profundo anseio por essa sinceridade interior. Porque,

---

25. Apophtegmata patrum 602 [nota 1].
26. John Eudes Bamberger. In: Evagrius Ponticus. Praktikos 12 [nota 18].

muitas vezes, sentimo-nos internamente maculados pelas emoções de nosso ambiente ou por um desejo egoísta ou um sentimento agressivo. A pureza do coração é a condição para o amor segundo o exemplo que Jesus nos deu.

Evágrio distribui os nove poderes da alma respectivamente nos três âmbitos do ser humano: o dos desejos, o emocional e o espiritual.

Os instintos

Na esfera dos desejos, encontram-se os três instintos básicos do ser humano, como a comida, a sexualidade e a ambição de possuir. Os instintos têm a função de me estimular a viver; no final das contas, eles devem me conduzir em direção a Deus. Quando reprimo os instintos, contudo, eles ficam permanentemente perceptíveis. Atraem sobre si a minha energia, em vez de servirem de estímulo para que me dedique a Deus com todas as forças.

O *objetivo da comida* é o desfrute da vida e, por fim, a união com Deus. Na Eucaristia, o sentido da comida fica evidente. No pão e no vinho, apreciamos o amor de Deus encarnado em Jesus Cristo. Unimo-nos a Deus. Porém, com comida também posso entupir o meu vazio interior, suprimir a minha insatisfação, a minha carência de amor. No entanto, neste caso, torno-me incapaz de desfrutar. Não me uno comigo mesmo, mas me torno interiormente lacerado. Sinto-me induzido e incapaz de viver a medida da comida e da bebida que me faz bem. Na pior das hipóteses, elas podem se transformar num vício. No vício, esquivo-me da realidade da minha vida.

O *objetivo da sexualidade* é a vitalidade e o êxtase. O anseio que existe na nossa sexualidade é, no final das contas, o anseio de sentir a si mesmo no corpo, de entregar-se, de tornar-se um com o outro, de esquecer-se a si mesmo no êxtase e, no tornar-se um, amalgamar- se com o outro. Esse anseio nunca poderá ser completamente satisfeito por meio de vivências sexuais, por mais numerosas que sejam. Em última instância, ele nos remete para Deus. Na sexualidade – assim diz *Hans Fellouschek* – existe um potencial transcendente. Só quando nos abrimos nela para o transcendente, ela encontrará sua satisfação. Os místicos integraram a sexualidade no seu caminho espiritual. Descreveram sua experiência com Deus na sua linguagem erótica. Porém, a sexualidade também pode dominar o ser humano. Pessoas conduzidas pela sua sexualidade, muitas vezes, não estão realmente no seu corpo. Porque elas não se sentem, precisam da sexualidade para, em geral, sentir alguma coisa. Ela se torna, nesse caso, um substituto da vida não vivida, uma fuga da realidade. Portanto, a questão é a maneira de lidar com a minha sexualidade, se a utilizo como fonte de espiritualidade ou se me deixo determinar por ela e extravaso nela minhas necessidades insatisfeitas de proximidade, de potência e de dominação.

Na *ambição de possuir* existe o anseio de encontrar paz. No entanto, possessão também pode tornar possesso. E, neste caso, estamos permanentemente temerosos e preocupados em vigiar e multiplicar a nossa propriedade. A verdadeira riqueza está em nós. Jesus fala da pérola preciosa e do tesouro no campo, que pode ser encontrado no interior de nossa alma. O tesouro é um símbolo do verdadeiro si-mesmo. Só quando descobrimos o tesouro em nós, alcançamos a paz. A riqueza exterior – acredita *C.G. Jung* – tende a reforçar a máscara em nós. Neste caso, nos refugiamos atrás da máscara e perdemos o contato com o nosso si-mesmo.

Uma mulher contou que seu marido é muito bem-sucedido economicamente. No entanto, o que importa é só o dinheiro. Ela não consegue mais entrar em contato com ele enquanto conversam. Não sente mais o âmago dele. Dessa maneira, a propriedade pode nos impedir de sermos maduros e de entrarmos em contato com o nosso si-mesmo. Quem gira apenas em torno do dinheiro, permanece eternamente infantil. Recusa-se a trilhar o doloroso caminho do autoconhecimento e da autorrealização.

Todos os três instintos podem se tornar também vícios. No vício, sou dominado pelos instintos e fujo da realidade de minha vida e do conflito em que o caminho da autorrealização me coloca. No vício, no final das contas, fico sentado no colo da mãe. Permito ser satisfeito exteriormente, porque dentro de mim não tenho paz. Não consigo me suportar. E não posso, nem quero sentir meu anseio. Porque o anseio me lembra que devo ir além de mim e me estender para Deus. Desse modo, reprimo os estímulos interiores e os afogo no vício.

As emoções

Os três poderes da alma da parte emocional são: ira, tristeza e desunião interior (*akedia*).

As *agressões* fazem parte de mim. Elas querem me conceder a força de encarar os problemas e tomar a minha vida nas próprias mãos. E regular a relação entre proximidade e distância. Utilizar as agressões como energia vital não significa gritar com os outros, mas estabelecer limites claros e encarar as questões prementes. Ao reprimir a agressão ou me deixar determinar por ela, a mesma se expressa em ira, raiva e rancor. Neste caso, sou contra todos e qualquer um. Estou insatisfeito e fico implicando com todos.

A agressão é, além da sexualidade, a principal energia vital. Por conseguinte, é preciso ter um cuidado especial para lidar com ela. Falta vitalidade àquele que a reprime. E, muitas vezes, ele se torna depressivo. Quem não está consciente de sua agressão, expressa-a de modo inconsciente, muitas vezes sob uma fachada de devoção. Surpreendo-me, às vezes, quando vejo quão agressivas são as pessoas devotas. Frequentemente, elas fazem uso de palavrões brutais contra pessoas que têm uma opinião diferente. Criticam seus semelhantes e sua paróquia dizendo que não são suficientemente espirituais. Porém, delas não parte nenhum convite à espiritualidade. Preferimos evitá-las porque passam uma energia desagradável. Às vezes, mandam para o inferno quem interpreta a Bíblia de modo diferente do que elas mesmas. Aí se percebe que não integraram suas agressões no seu caminho espiritual, mas as expressam inconscientemente em ações e, muitas vezes, as extravasam em nome de Deus de forma bem impiedosa. Ou há pessoas que são afáveis exteriormente. No entanto, por trás dessa fachada, percebemos os dardos agressivos que partem delas. Em conversas, às vezes presencio pessoas com uma agressão passiva. Elas são bem afáveis exteriormente. No entanto, depois de falar uma hora com elas, fico completamente agressivo. No passado, via a culpa sempre em mim. Agora vejo que sua agressão reprimida recai sobre mim.

Evágrio descreve a ira de maneira bem interessante:
A ira é a mais impetuosa das paixões. É um agitar-se da parte irascível da alma que se dirige contra alguém que ofendeu a pessoa, ou pela qual a pessoa se acredita ofendida. Ela exaspera sem parar a alma dessa pessoa e se insinua na consciência principalmente durante o período da oração. Nesse caso, ela faz surgir diante de seus olhos a imagem da pessoa que lhe causou injustiça. Às vezes, a ira continua por muito tempo e, assim, se transforma em rancor que provoca perturbações

durante a noite. Na maioria das vezes, o corpo fica debili-
tado. Ocorre falta de ingestão de alimento. A pessoa parece,
então, pálida e, cada vez mais intensamente, atormentam-lhe
no sonho imagens em que é atacada por animais selvagens e
peçonhentos. Em muitas ocasiões, ela constata que sobretudo
esses quatro efeitos de seu rancor, mencionados por último,
acompanham muitos de seus pensamentos[27].

Sentimentos de tristeza fazem parte do ser humano.
Nós não estamos apenas cheios de alegria. Não devemos evitar o luto com a morte de pessoas queridas, nem
com a própria vida não vivida ou com a despedida das
ilusões que fizemos da vida. Tal luto faz parte do caminho do amadurecimento. Às vezes, os sentimentos de
tristeza são também o solo fértil em que prospera o agir
criativo. Porém, ao não enfrentar meu luto, ele pode se
tornar tristeza. *Evágrio* diferencia luto e tristeza. Esta
ele entende como autopiedade. Neste caso, giro sempre
em torno de mim e deploro que tudo está tão ruim e
ninguém se importa comigo. O luto nos leva às lágri-
mas e nos purifica. A tristeza é, ao contrário, apenas
chorosa. *Evágrio* a compara com uma criança peque-
na que chora porque foi tomado seu brinquedo. Desse
modo, o triste não consegue perdoar a Deus porque
este não satisfaz a todos os seus desejos. Ele fica preso a sua atitude chorosa, em vez de se envolver com a
vida. Por causa da tristeza, existem desejos exagerados

---

27. Evagrius Ponticus. Praktikos 12 [nota 18].

na vida. Porque não são satisfeitos, reage triste como um criança ofendida.

O *abbas* Agathon disse: Ainda que uma pessoa irada desperte um morto, não encontra aceitação junto a Deus[28].

O patriarca *Ammonas* disse: Quatorze anos eu passei no deserto da Nítria e, dia e noite, pedi a Deus para, se Ele quiser, me conceder a graça de vencer a ira[29].

A tristeza pode surgir, ocasionalmente, da frustração dos desejos da pessoa. Às vezes, a tristeza também aparece acompanhada da ira. Quando resulta da frustração das necessidades e dos desejos, sobrevêm, na maioria das vezes, da seguinte maneira: essa pessoa pensa, antes de tudo, no lar, nos pais ou na vida que levava anteriormente. Ao não opor resistência a estes pensamentos, sim, até mesmo estar disposto a segui-los ou se entregar aos seus deleites ainda que só na imaginação, eles se apossam inteiramente da pessoa. Por fim, porém, essas ideias em que ela se deleitou desvanecem, e ela submerge na tristeza. As atuais circunstâncias de sua vida impedem que essas ideias se tornem realidade outra vez. E, assim, aquela infeliz pessoa se entristece com a maneira com que se entregou a tais pensamentos.

Evágrio Pôntico[30]

Desunião interior (*akedia*, a falta de cuidado, de atenção) é a incapacidade de viver no momento. Não tenho vontade de trabalhar nem de orar. Sim, não consigo desfrutar nem sequer o ócio. Não consigo me concentrar no que faço no momento. Não me sinto bem co-

---

28. Apophtegmata patrum 101 [nota 1].
29. Ibid., 115 [nota 1].
30. Evagrius Ponticus. Praktikos 10 [nota 18].

migo mesmo. Passo de uma coisa para a outra. Leio jornal. Porém, acho-o muito chato. Vou passear. Mas o clima não me agrada. Volto para casa. Mas também aí não me sinto bem. Minhas meias comicham. De repente, meus óculos me incomodam. Poderia sair de mim mesmo, estou insatisfeito e não sei o que realmente devo fazer. Reclamo de Deus por ter exigido de mim esta vida. E estou decepcionado com as pessoas que não me compreendem e não encontram tempo para conversar comigo. No entanto, quando elas se dedicam a mim, também me sinto incomodado. Neste caso, prefiro ficar sozinho. Porém, quando estou sozinho, sinto-me abandonado.

Evágrio acredita que, dessa maneira, a nossa alma se desagrega. Não temos mais um centro em nós. Não estamos em contato conosco. Pessoas que perderam o próprio centro são propensas a formas extremas de espiritualidade. De uma ascese rigorosa esperam a salvação de sua alma danificada. No entanto, muitas vezes, não suportam esta rigidez para consigo mesmas. Assim, oscilam entre rigor e frouxidão, entre opiniões fundamentalistas e uma postura completamente liberal para consigo mesmas. Muitas vezes, têm problemas alcoólicos. Oscilam para lá e para cá entre rigidez e licenciosidade. Pessoas com uma alma desagregada querem ser piedosas, de modo algum percebem, porém, que sua espiritualidade é só intencionada, não é autêntica. Delas não emana nenhuma energia espiritual, mas uma energia desagradável, agressiva e fria. Porque elas não estão consigo mesmas, buscam a sua cura em formas exteriores. Porque não têm um centro, dedicam-se a formas extremas de espiritualidade.

Segundo *Evágrio*, a terapia contra a desunião interior está, por um lado, numa boa estruturação do dia. Porque minha alma está caótica, estabeleço para mim uma ordem exterior, para que também meu interior possa ficar em ordem. E, por meio da minha insatisfação, devo avançar na direção da minha essência. Afinal, quem sou no íntimo? E o que pretendo com a minha vida? Neste caso, aos poucos deixo de culpar os outros pelo insucesso da minha vida. E a situação exterior deixa de servir de pretexto para que eu não possa viver em paz. Segundo *Evágrio*, o demônio da *akedia* é o mais perigoso porque toma do ser humano o seu centro e o desagrega interiormente: "Vencido esse demônio, não se segue tão rapidamente outro demônio; um estado de profunda paz e inexprimível alegria é o fruto de uma luta vitoriosa com ele"[31].

O espírito

Com o âmbito espiritual *Evágrio* relaciona três tendências: colocar-se no centro (vaidade), comparar-se com os outros (inveja) e colocar-se acima dos outros

---

31. Ibid., 12 [nota 18].

(*hybris*, orgulho). Em vez de ficar consigo e repousar em si, o espírito está permanentemente com os outros.

Na *vaidade*, eu me defino inteiramente a partir da opinião dos outros. A vaidade – acredita *Evágrio* – tem, para os jovens monges, de qualquer forma, a sua justificativa. Ela os obriga a exercitar a disciplina e avançar em seu caminho espiritual. No entanto, a vaidade pode também motivar os mais velhos a trabalharem de modo ordenado. Ela sempre estará em nós e irá nos acompanhar. Mas a questão é se nos deixamos dominar por ela. Neste caso, buscaríamos permanentemente ser estimados e admirados por todos. Quem pensa estar completamente acima da vaidade nem sequer percebe quanta obsessão por reconhecimento existe no seu caminho espiritual e no relato sobre as suas experiências de fé. Trata-se de perceber o anseio por reconhecimento e elogio e, então, distanciar-se dele. Neste caso, com minha vaidade, sou permeável para Deus. Não posso eliminar a vaidade. Mas posso relativizá-la e colocá-la a serviço dele.

O pensamento da vaidade é um companheiro bastante complicado. Gosta de aparecer nas pessoas que pretendem viver de modo virtuoso. Desperta nelas o desejo de compartilhar quão difícil é sua luta. Dessa maneira, elas buscam a glória que vem dos homens. Assim, tais pessoas gostam de imaginar que curam mulheres e que os ruídos que escutam seriam gritos dos demônios. Também gostam de descrever as multidões

> tocando suas vestes. O pensamento da vaidade quer até mesmo fazê-las acreditar que, um dia, seriam consagradas sacerdotes. Imaginam pessoas batendo à sua porta com a intenção de buscá-las para conversar com elas e as forçam a acompanhá-las ainda que não queiram. E, tendo conseguido que estas pessoas fiquem de tal forma envaidecidas pela vã esperança, o demônio da vaidade as abandona para ser substituído pelo demônio do orgulho ou da tristeza...
>
> *Evágrio Pôntico*[32]

A inveja aparece sempre que me comparo com os outros. As pessoas invejosas querem sempre parecer bem, parecer melhor do que os demais. Isso as leva a desvalorizarem os outros a fim de valorizarem a si mesmas. Ou, porém, a desvalorizarem a si mesmas, porque não veem uma chance de fazer boa figura diante dos outros. Na inveja, existe o anseio por uma vida que dá certo. No entanto, esse anseio, nesse caso, nunca é inteiramente realizado.

Desse modo, a inveja me exorta a aceitar com gratidão o que Deus me ofertou, e a me reconciliar com a minha vida. Além disso, a inveja me exorta a dirigir meu anseio para Deus. Só Ele é capaz de satisfazer meu anseio. Não importa tanto se sou bem aceito pelas outras pessoas. Não importa tanto se as outras pessoas sabem as coisas melhor do que eu. Decisivo é que eu

---

32. Ibid., 13 [nota 18].

viva minha própria vida e desenvolva meus talentos, sem me comparar com os outros.

A terceira forma de o espírito fugir da própria verdade é o *orgulho* (*hybris*). É a recusa de me aceitar em minha limitação. Fiz para mim uma imagem ideal tão elevada que não estou em condição de aceitar minha realidade em sua normalidade e banalidade. Fecho os olhos diante da realidade. O orgulho é um perigo para o caminho espiritual. Quem não o enfrenta, nem sequer percebe que usa indevidamente sua espiritualidade para se colocar acima dos outros. Desse modo, ele só procura atrair as atenções.

C.G. Jung vê o maior perigo da *hybris* na identificação com imagens arquetípicas. Essas imagens querem colocar alguma coisa em movimento em nós, por exemplo, a imagem do profeta, do mártir, da vítima, do curandeiro e do ajudante. No entanto, ao me identificar com uma dessas imagens, fico cego para minha própria realidade e minhas necessidades. Neste caso, sob o pretexto de ajudar aos outros, extravaso minha própria necessidade de proximidade ou de poder. Ou, ao me perceber como profeta, nem sequer percebo quão autoritário e dogmático de fato sou. Quem se identifica com a imagem do mártir, extravasa, sob esta imagem, a sua agressividade. Dificilmente se consegue viver ao lado de um mártir ou de um cordeiro sacrifical. Neste caso, a pessoa não se atreve a respirar aliviada e a permitir-se alguma coisa a si própria.

Sempre é bonito cobrir esses lados banais em mim com um manto religioso. Nesse caso, não preciso olhar para os abismos da minha alma. Acredito que tudo em mim seja piedoso e corresponda à vontade de Deus. No entanto, na realidade, extravaso, desse modo, minhas próprias agressões recalcadas e minha sexualidade reprimida. Quando acontece um abuso sexual ou espiritual, quase sempre se estabelece o fenômeno da identificação com a imagem arquetípica do curandeiro ou do ajudante. Extravaso minha necessidade de proximidade e de sexualidade aparentando mostrar para o outro meu amor e minha proximidade. Para mim mesmo, nunca admitiria estar cheio de desejo e compulsão. É claro que isso estaria em contradição com a minha imagem piedosa. A identificação com o arquétipo do ajudante ou do curandeiro possibilita-me extravasar meus instintos, sem admiti-los. Justamente por isso é que a *hybris* é tão perigosa. Não é por acaso que *Evágrio* escreve que ela pode nos levar à loucura.

O demônio do orgulho é a causa da queda mais grave do ser humano. É que ele seduz o monge a buscar a causa de suas ações virtuosas não em Deus, mas em si mesmo. O orgulhoso toma a seus irmãos por néscios, só porque eles não têm a mesma opinião que ele mesmo. Ira e tristeza acompanham de perto esse demônio; no final das contas, a pior doença possível acomete o orgulhoso; ele fica paranoico, cai na demência e tem alucinações que lhe sugerem multidões inteiras de demônios nos ares.

Evágrio Pôntico[33]

---

33. Ibid., 14 [nota 18].

Jesus cura o cego de nascença cuspindo no chão e aplicando-lhe lama nos olhos (cf. João 9,1-12). Dessa maneira, Ele quis dizer ao cego: Deves te aceitar em tua humanidade, em tua terrenidade. E deves reconhecer que, também em ti, há partes imundas. Em seguida, Jesus manda o cego de nascença ao tanque de Siloé. *Siloé* quer dizer, traduzido: "Enviado". O próprio Jesus é o Enviado. O cego deve se oferecer a Cristo com sua lama, sua sujeira. Então, ele será capaz de ver novamente. É preciso a humildade para curar a *hybris*. A humildade é a coragem de descer à própria realidade, à própria sujeira, que também está em mim. Só se eu me reconciliar com ela e a oferecer a Deus poderei me tornar um solo fértil em que minha alma poderá florescer. A humildade me liberta a cegueira que surge por meio da identificação com uma imagem arquetípica. E me possibilita o contato com a própria sombra, com a sujeira dentro de mim. Só assim a forma que Deus me concedeu é capaz de crescer em mim e assim amadurecer, de modo que Ele seja glorificado em mim.

• O que são, no seu caso, os cães que latem, que gostariam de apontar para o tesouro em seu íntimo? Qual é o seu principal problema?

• Procure não julgar os cães que latem e nem lutar contra eles. Pois, se você aprisioná-los, terá de viver permanentemente com medo de que, a qualquer hora, eles escapem e o devorem.

- Converse amigavelmente com eles, com sua agressão, com sua tristeza, com sua sexualidade, com sua inveja, com seu orgulho. Não julgue nem condene a si mesmo.
- Antes, sinta dentro de você onde poderia estar o tesouro para o qual apontam os cães ladradores, e o que poderia ser este tesouro.

11
O corpo

Deus fala conosco no nosso corpo. Disso os Padres do Deserto estavam convencidos. O pai espiritual examinava meticulosamente o pupilo, como ele se apresenta em seu corpo, como são seus gestos, como soa sua voz e como é sua mímica ou o conjunto de sua irradiação. Nisto ele identifica se ele realmente é permeável para o Espírito de Jesus Cristo ou se ele apenas faz de conta que segue a Cristo.

O corpo é um barômetro que nos indica se somos realmente transparentes para Cristo, se seu Espírito penetrou nas profundezas de nosso corpo e de nossa alma e nos cunha ou se somos cunhados por tendências bem diferentes. Muitas vezes, o corpo dos devotos expressa medo. Isso se identifica nos ombros contraídos ou nos dentes cerrados. Ou, porém, eles se tornaram duros e insensíveis em seu corpo. Em alguns, o dorso virou uma tábua. Recalcou-se todos os sentimentos e é usado, de certo modo, como um depósito de lixo para os sentimentos reprimidos. Os pais espirituais precisavam um olho experiente para examinar a fundo tudo o que eles percebiam. Eles identificavam no corpo o espírito de uma pessoa.

Deus fala conosco nas doenças. Nelas, Ele aponta, muitas vezes, para aspectos que não havíamos observado. Neste caso, não se trata de autoacusação. Não posso dizer que, por meio de meus sentimentos recalcados, sou culpado pela minha enfermidade. Se apenas procurar minha parcela de culpa pela doença, serei inundado por sentimentos de culpa. E estes me atrapalham justamente no processo de recuperar a saúde. Não devo procurar no passado, mas compreender a doença como um apelo em que Deus quer chamar a minha atenção para viver de maneira mais consciente e adequada. Talvez eu tenha passado da minha medida. Talvez devesse lidar de modo mais cauteloso comigo mesmo. Talvez devesse olhar mais detalhadamente no meu íntimo, ver o que se passa no profundo da minha alma. Muitas vezes, temos uma noção daquilo que é melhor para nós. Mas, estão, não ouvimos o que o corpo nos diz. Simplesmente continuamos vivendo do mesmo jeito. Neste caso, muitas vezes, Deus precisa falar mais alto conosco, por exemplo, numa doença que nos abre os olhos para o fato de vivermos ao largo de nós mesmos. A doença é, muitas vezes, uma admoestação de Deus, a qual não deveríamos ignorar.

Muitas pessoas não querem ouvir esta admoestação. Consideram seu corpo meramente na perspectiva científica. Quando estão doentes, as causas sempre são apenas exteriores. Recusam-se a olhar, por meio de sua doença, na sua alma. Dessa maneira, porém, cortam a relação do seu corpo com Deus e deixam de ouvir a voz dele no seu corpo. A doença pode se tornar o desafio espiritual de me libertar da ilusão de que só precisaria rezar bastante ou viver saudável que nada aconteceria comigo. E a doença pode me indicar o que realmente importa na minha vida. Não se trata de ser o mais saudável possível e realizar o máximo possível, mas de ser permeável para Deus, permeável na minha saúde e na minha doença, na minha força e na minha impotência.

Faz parte de uma devoção madura ter uma boa relação com o meu corpo, cuidar dele, sem girar exageradamente em torno disso. E faz parte da devoção permitir que a fé penetre no corpo. O corpo revela nossa verdade. Na minha postura, posso identificar se realmente estou firme na fé. Se estiver travado, tenso ou inseguro, minha fé será muito fraca. Gostaria de crer, mas, na realidade, não encontrei, na fé, uma posição firme em Deus. Fé significa de acordo com a Bíblia propriamente: capacidade de ficar em pé, estar firme em Deus, estar sobre uma rocha.

Na minha respiração, posso identificar se tenho confiança em Deus. Posso fazer o exercício de me soltar para dentro de Deus. No final da expiração, há um momento em que não há nada. Neste momento, trata-se de se soltar para dentro de Deus. Quem logo precisa puxar o fôlego para dentro de si, indica que não se deixa realmente cair para dentro de Deus. Muitas vezes, assusta-me como alguns contam vantagem e anunciam grandes verdades espirituais. No entanto, no seu corpo se percebe que tudo isso não confere. Elas anseiam por Deus. Mas querem omitir, desse modo, a sua própria verdade. Querem chegar a Deus passando ao lado de seu corpo. No entanto, este não é um caminho maduro. A omissão leva sempre a um beco sem saída.

• Como você se sente no seu corpo? Você tem um senso de onde está tenso, de onde se apega a si mesmo? Sinta para dentro dessas posturas e tente se soltar. Não se trata de soltar apenas os músculos, mas de soltar a si mesmo na pele, nos músculos e na respiração.

• Como você vê as suas doenças? Você fica doente com frequência? Como reage com as doenças? O que Deus quer lhe dizer por meio delas? No que deve prestar atenção? O que deve mudar? Em que aspectos deveria viver de modo mais consciente e cauteloso?

12
Os sonhos

A Bíblia relata que Deus fala conosco no sonho. Nele, Deus nos transmite uma mensagem. Mas também os sonhos que, à primeira vista, não parecem ser religiosos, querem nos comunicar algo importante para o nosso caminho espiritual.

O *primeiro significado* dos sonhos consiste em que Deus nos diz neles como está a nossa situação, o que nós recalcamos. Talvez pensemos estar em paz conosco. No entanto, o sonho de guerra nos revela que ainda nos encontramos em conflito com nós mesmos. Acreditamos ter a própria vida sob controle. No entanto, o sonho nos revela o caos interior. Tudo está confuso. Nosso lar não está arrumado e não encontramos o que procuramos. O sonho desvela-nos nossa realidade mais profunda. E é preciso humildade para enfrentar essa realidade. Trata-se, neste caso, de apresentar o sonho diante de Deus na oração e aceitar: este sou eu também. Assim pareço interiormente. Deus queira colocar ordem no caos interior e iluminar a escuridão.

O *segundo significado dos sonhos* é que Deus, muitas vezes, nos indica os passos que devemos seguir para que nossa vida dê certo e nos tornemos seres humanos inteiros. Ele nos indica, de certo modo, o programa espiritual que devemos realizar. E este programa parece, muitas vezes, bem diferente do que aquele que nós mesmos nos impusemos. Uma mulher quer encontrar, por meio de exercícios, uma forma de aprender uma melhor disciplina espiritual. No entanto, ela sonha que seu coração está doente. Então ela percebe que não se trata de disciplina, mas de seu coração. Ela deve abrir seu coração para Deus. Deve se indagar se a sua procura por uma estrutura clara corresponde, de fato, à vontade de Deus ou, antes, à sua ambição. Deus lhe indicou neste sonho o verdadeiro tema no qual ela deve trabalhar nos exercícios. Ela deve abrir seu coração para Deus e oferecer a Ele os pensamentos e sentimentos mais íntimos do coração. Ele não quer seu desempenho religioso, mas seu coração.

O *terceiro significado dos sonhos*: eles são promessas. Neles Deus nos revela que já avançamos mais do que imaginamos. Aí sonhamos, por exemplo, em meio a fases depressivas, com uma luz que nos ilumina. Deus chama a nossa atenção para o que cura – que está em meio à nossa doença –, para a luz que está em meio à nossa escuridão. Ou nos faz sonhar com uma criança que seguramos no braço ou que caminha conosco. Uma criança sempre aponta para o novo que quer nascer em nós, para o original e autêntico com que entramos em contato com nós mesmos. Porém, às vezes, no sonho lidamos de modo desatento com a criança. Deixamo-la cair. Ela se fere. Neste caso, o sonho não é apenas promessa do novo que nasce em nós, mas ao mesmo tempo advertência para lidarmos de modo cuidadoso com este novo e nos tornarmos conscientes daquilo que quer se moldar realidade em nós.

E, por fim, há *sonhos numinosos*, por exemplo, o sonho de uma igreja, de um antigo ritual ou de símbolos religiosos. Sonhamos com uma luz cálida que nos envolve, e sabemos no sonho que é o próprio Deus nos envolvendo com seu amor. Ou, de algum lugar, ouvimos palavras. Muitas vezes, elas são uma mensagem que Deus nos envia, uma orientação para o nosso caminho. Ou sabemos que aquele que agora nos acompanha é Jesus ou um santo. Ou vemos Jesus bem nitidamente diante de nós, ou subitamente vemos uma imagem de Maria. Tais sonhos deixam sempre uma profunda consternação e gratidão. Às vezes, nem sequer conseguimos diferenciar entre sonho e realidade. Deveríamos ser gratos por tais sonhos e visões. Porém, ao mesmo tempo – assim nos admoestam principalmente os místicos – devemos nos guardar do perigo de, com tais experiências, procurar atrair as atenções e nos colocar acima dos outros.

Quando prestamos atenção aos nossos sonhos não precisamos ter o receio de que trilhamos apenas unilateralmente com a nossa vontade o caminho espiritual. Permitimos que a luz de Deus penetre até as pro-

90

fundezas de nossa alma, para que ali as imagens sejam transformadas. Só se as imagens de nosso inconsciente forem iluminadas pela luz de Deus, seremos capazes de viver também conforme o Espírito de Jesus.

John Eudes Bamberger, trapista e ao mesmo tempo psiquiatra, expressa essa ideia, com o pano de fundo da doutrina de Evágrio, da seguinte forma: "Só onde as imagens e as ideias da alma e do espírito são transformadas plenamente pela pura luz de Deus, até onde isso for possível, as atitudes do ser humano e as suas atividades podem se desenvolver harmoniosamente à suprema florescência que anula as desarmonias anteriores"[34].

É preciso uma transformação no fundo de nossa alma. Do contrário, nossa vida espiritual será apenas intencionada, e muitas coisas recalcadas prejudicarão a nossa devoção. A transformação das imagens de nossa alma acontece no sonho. Quem presta atenção a seus sonhos não viverá ao largo da sua verdade. Porque o sonho ele não pode manipular. No sonho aparece o que, de outro modo, não é visto. No sonho, Deus nos chama a atenção para todos os altos e baixos, para toda a luz e toda a escuridão de nossa alma, para que sua luz transforme tudo.

---

34. John Eudes Bamberger. In: Evagrius Ponticus. Praktikos 22 [nota 18].

- O que são sonhos típicos para você?
- Você conhece sonhos que sempre se repetem? Sonhos deste tipo pedem uma resposta. Que resposta você deve dar?
- Que temas emergem repetidamente em seus sonhos? O que Deus quer lhe dizer por meio de seus sonhos? Como está sua situação interior? Que passos você deve dar para se tornar mais autêntico?
- Você conhece sonhos numinosos que fortalecem sua fé?
- E você conhece sonhos que transformaram a sua vida, que lhe apontaram o caminho para uma vida mais realizada?

13

A relação com nossos semelhantes

A maturidade de um ser humano se revela na sua capacidade de relacionar-se. Se uma pessoa não tiver amigos, sempre é um sinal preocupante. É claro que a capacidade de relacionar-se depende também da predisposição da pessoa. Nada podemos fazer quanto à predisposição. No entanto, muitas vezes, a falta de relacionamento depende também do fato de não termos uma boa relação com nós mesmos. E nisto podemos trabalhar. Só se estivermos em contato conosco poderemos também construir boas relações com os homens e as mulheres.

Acompanhei uma mulher que lamentava não encontrar uma relação satisfatória com os outros. Depois de algumas conversas, ficou claro onde estava o problema. Ela sempre enaltecia a sua infância. Somente quando ousou examinar a escuridão e a mágoa que havia nela tornou-se capaz de relacionar-se autenticamente. Primeiro, precisou entrar em contato consigo mesma e com a sua história, antes de poder realmente encontrar os outros como aquela que ela era. No passado, ela sempre trazia só uma parte de si para o encontro e ficava admirada com o fracasso do relacionamento.

Ao estarmos em contato com nós mesmos não sobrecarregamos nossos amigos e nossas amigas com nossas expectativas excessivas. Somos presenteados e presenteamos os outros. É um dar e receber benéfico. Não estamos sob a pressão de ter de dar provas de nós. Podemos simplesmente ser e deixar que os outros sejam. Desfrutamos a amizade, sem nos apegarmos a ela.

Existe o perigo de ignorar-se, religiosamente, a própria incapacidade de relacionar-se. Quando alguém acha que precisa apenas de Deus e de nenhum ser humano no seu caminho, reprime sua necessidade de um verdadeiro relacionamento. Muitas pessoas se entusiasmam tanto com suas experiências místicas e religiosas que passam por cima de suas necessidades humanas. Não querem admitir que não conseguem estabelecer um relacionamento. Falam que a união com Deus realiza todo seu anseio. Quando estou unido com Deus, realmente estou inteiramente realizado por um instante. Neste instante é válida a palavra de *Teresa de Ávila*: "Só Deus é suficiente". Porém, eu não consigo me manter firme na união com Ele. No instante seguinte, novamente estou desagregado interiormente. E, neste caso, apesar de toda a experiência da proximidade terapêutica de Deus, preciso também de pessoas com as quais posso me comunicar.

A relação com Deus não substitui a relação com o ser humano. Uma boa relação com Ele e com o ser humano se complementam, geralmente. Perigoso é se entusiasmar com a união com Deus e, neste caso, nem perceber que, com este entusiasmo, apenas se pretende encobrir a própria incapacidade de um relacionamento autêntico. Logo que o entusiasmo passa, a pessoa se sente sozinha e duvida de si mesma.

O caminho para uma boa comunhão segundo a Regra de São Bento. No capítulo 72, Bento escreve:

Assim como há um zelo mau, de amargura, que separa de Deus e conduz ao inferno, assim também há o zelo bom, que separa dos vícios e conduz a Deus e à vida eterna. Exerçam, portanto, os monges este zelo com amor ferventíssimo, isto é, antecipem-se uns aos outros em honra. Tolerem pacientíssimamente suas fraquezas, quer do corpo quer do caráter; rivalizem em prestar mútua obediência; ninguém procure aquilo que julga útil para si, mas, principalmente, o que o é para o outro; ponham em ação castamente a caridade fraterna; temam a Deus com amor; amem ao seu abade com sincera e humilde caridade; nada absolutamente anteponham a Cristo – que nos conduza juntos para a vida eterna.

Quanto tenho meu fundamento em Deus, não me torno dependente dos outros. Porém, justamente esta liberdade da dependência, permite-me inclusive desfrutar a amizade. Por conseguinte, há um outro perigo quando as pessoas exageram religiosamente certas relações e se tornam dependentes de orientadores ou mestres espirituais. Neste caso, elas não vivem de forma plena e verdadeira as suas necessidades de amizade, mas as realizam sob o manto da orientação e da ajuda espirituais oferecidas pelo mestre espiritual. No entanto, aí surgem dependências que não fazem bem a ninguém. As pessoas se entusiasmam com o mestre espiritual e, sem ele, nem sequer conseguem mais existir. Elas projetam todos os seus anseios para dentro dele. Isso não faz bem ao mestre nem ao aluno. Este, na relação com o mestre, fica, ele mesmo, parado em seu caminho interior. Com a ideia de fazer importantes experiências espirituais junto ao mestre, recusa-se a trilhar o caminho ao qual Deus o envia. Permanece numa dependência infantil do mestre e precisa permanentemente a sua proximidade para desfrutar de sua sabedoria e de seu amor.

Para a Igreja primitiva, o novo convívio entre judeus e gregos, entre homens e mulheres, entre pobres e ricos, era um sinal da chegada do Reino de Deus. A espiritualidade beneditina sempre foi praticada na comunidade. O convívio correto na comunidade era uma importante esfera de atividade para uma relação madura com Deus.

É uma árdua tarefa trilhar, diariamente, em comunidade, um caminho espiritual. Não se consegue descolar. É preciso enfrentar os conflitos cotidianos. Trata-se de sustentar os fracos dentre os irmãos e irmãs. E, em muitas ocasiões, trata-se de buscar compromissos justos. A comunidade vai polindo todo elemento extravagante. Confronta-nos continuamente com os próprios lados sombrios. Não se consegue enganar os irmãos. Na comunidade, vem à luz tudo aquilo que gostaríamos de esconder sob um manto piedoso. Porém, justamente dessa maneira, a comunidade leva à humildade.

A espiritualidade que *Bento* anuncia é bastante sensata. Ele conta com "espinhos do aborrecimento" diários que surgem no convívio. E ele pede que o abade enfrente esses aborrecimentos e, repetidas vezes, se preocupe com a paz da comunidade. Porém, é tarefa de todo indivíduo que o convívio dê certo. Exige o respeito, a compreensão pelos outros e a renúncia a julgar e condenar os demais.

Sempre que as pessoas praticam uma espiritualidade muito ideológica têm dificuldades em envolver-se com uma comunidade. Muitas vezes, desagregam a paróquia ou também a nova comunidade dos que compartilham a mesma opinião, comunidade que elas fundam ou à qual se associam. Durante um tempo, uma comunidade de pessoas ideologicamente determinadas pode muito bem dar certo, sobretudo enquanto tiver um adversário comum. No entanto, já depois de pouco tempo, ela desagregar-se-á. Pois seus membros não aprenderam a se envolver com os conflitos cotidianos. Elas preferem se refugiar numa ideologia, no dogmatismo e numa luta fanática pela doutrina correta. No entanto, tudo o que for recalcado sob a superfície da ideologia, em algum momento aparecerá e expressar-se-á na forma de agressividade ou intrigas contra os outros.

Esse perigo existe também nos reavivamentos espirituais em que, no princípio, a comunidade é viva e fascinante porque todos estão entusiasmados. No entanto, se o entusiasmo não for transformado numa espiritualidade madura que enfrenta sobriamente os conflitos diários e, neste caso, está disposta a chegar a um termo comum, em pouco tempo a comunidade desfar-se-á. Ou, porém, ela manter-se-á unida por meio de uma autoridade forte que sufoca todos os conflitos em formação. No entanto, logo que a autoridade desaparece, a mesma se divide.

Nela revela-se também se os indivíduos são uma bênção para o convívio ou, ao contrário, se causam divisão ao seu redor. Quem estiver dividido em si, dividirá também a comunidade. Nela há membros que unem os outros. São como uma argamassa para a comunidade. E há membros que apenas a usam para os fins deles, mas nada fazem em prol dela. Eles sempre fazem apenas exigências à comunidade, sem que eles mesmos estejam dispostos a se engajar por ela. Quando nem tudo se passa conforme imaginam, criticam a comunidade dizendo que ela não é suficientemente espiritual, que é superficial, e que cada um estaria buscando apenas sua própria vantagem. É no jeito da pessoa se envolver na comunidade que se identifica o grau de maturidade de sua espiritualidade. A pessoa madura é sempre também uma bênção para os outros. Em torno dela, pode-se formar uma comunidade. Ela não prende os outros a si mesma, mas os une uns aos outros.

- Você tem bons amigos? Quão importante é, para você, ter boas relações? Quais são os pressupostos para que uma relação dê certo?
- Você está em contato consigo mesmo? Você tem relacionamentos em que não se sente livre? E como se parecem relacionamentos em que um deixa o outro livre?
- Como é esta questão na sua família, na sua paróquia, na sua associação, na sua empresa? Você gosta de estar em comunidade?
- Qual é a sua contribuição para que a comunidade dê certo? Pelo que você dá graças à comunidade?

14
O trabalho

Para *São Bento*, um critério essencial para uma espiritualidade salutar é ver se a pessoa se deixa desafiar no seu trabalho ou se ela faz bem o seu trabalho. Quando alguém só trabalha de modo muito vagaroso e maçante, é indicativo de uma alma complicada. Neste caso, gasta muita energia consigo mesmo e não dispõe de energia para o trabalho. Envolver-se com o trabalho é um sinal de liberdade interior. Alguns usam Deus para fugir do trabalho. Preferem se refugiar em sentimentos piedosos a se envolver num trabalho sóbrio. No entanto, para *Bento*, aquele que foge do trabalho rejeita, no final das contas, também a Deus. Não se deixa desafiar por Ele. Usa indevidamente Deus em favor de si mesmo. Confunde contemplação com dedicar tempo para si mesmo. Neste momento, gira em torno de si mesmo, em vez de se envolver com Deus.

Muitas vezes presencio pessoas que se entusiasmam com suas experiências de Deus. No entanto, quando indago sobre sua vida cotidiana – quando levantam, como executam seu trabalho –, fica evidente que a sua vida é um caos absoluto. Elas se refugiam do caos na espiritualidade. No entanto, isso não é uma espiritualidade madura.

Uma espiritualidade madura se expressa em produtividade também no trabalho. Quem se abre para Deus, também está aberto para as obrigações cotidianas. Há os "devotos típicos" que, porém, não servem para o trabalho. Eles não se comprometem com um acerto de data ou prazo. Pretendem não se deixar levar pela pressa, mas trabalhar de acordo com o seu ritmo. Porém, no final das contas, são incapazes de colaborar responsavelmente com os outros. E, desse modo, no seu jeito de trabalhar, fica evidente que expressam em ações a sua necessidade de poder e que neles existe muita agressão. Por fim, em sua devoção, negam-se a Deus e, no trabalho, recusam-se ao convívio.

A relação entre trabalho e espiritualidade se torna visível já no Evangelho de Lucas. Como sabemos, Lucas dirige seu Evangelho conscientemente à classe média grega e, por conseguinte, retoma, nas palavras de Jesus, sobretudo a relação com a propriedade e o trabalho.

> Quem é fiel no pouco também o é no muito, e quem no pouco é infiel também o é no muito. Se, pois, não fostes fiéis nas riquezas injustas, quem vos confiará as riquezas verdadeiras? E se não fostes fiéis no que é dos outros, quem vos dará o que é vosso?
> Lucas 16,10-12

Na maneira de lidar com as coisas do dia a dia, com os bens deste mundo e com o trabalho, revela-se a minha espiritualidade. Não alcançarei os bens espirituais (a vida divina) e a verdadeira propriedade (a riqueza da alma) se não lidar fielmente com o que me é confiado no trabalho cotidiano. Muitos cristãos ignoram essa palavra de Jesus. Acreditam que Deus cuidaria de tudo. E esta crença faz com que eles lidem de modo irresponsável com suas finanças e seu trabalho. Nem sequer percebem como, com sua atitude, tornam-se uma carga para os demais. Os outros precisam, então, pagar por aquilo que eles desperdiçaram.

> Assim, também vós, quando tiverdes feito tudo que vos foi mandado, dizei: "Somos escravos inúteis. Fizemos apenas o que tínhamos de fazer".
> Lucas 17,10

Também essa palavra de Jesus no Evangelho de Lucas se refere a uma espiritualidade que se expressa na realização das obrigações cotidianas. Para ele, trata-se de fazermos o que temos de fazer frente a nós mesmos, à vida, ao momento, às exigências do cotidiano. Simplesmente fazer o que está na vez, nisto consiste para Jesus a autêntica devoção. Neste caso, não posso mais me refugiar em sentimentos piedosos. Trata-se, antes, de enfrentar os desafios do dia a dia. É uma espiritualidade sóbria o que Jesus exige aqui. Porém, ela corresponde às doutrinas sapienciais de muitas religiões. Os chineses dizem: "Tao" é o usual. Executar cuidadosamente o usual do dia a dia, simplesmente fazer o que tenho de fazer frente às demandas deste momento, disto depende a autêntica espiritualidade.

- Como você se sente no seu trabalho?
- Você gosta de trabalhar? Ou você sente uma resistência interior ao trabalho? O que a resistência quer lhe dizer? Você deve mudar de trabalho ou mudar sua postura diante dele? Você leva jeito para o trabalho? Você consegue se esquecer no trabalho?
- Você se refugia no trabalho ou foge dele?
- Qual é a sensação depois do trabalho? Você tem a impressão de ter trabalhado para Deus e para as pessoas? Neste caso, você se sente verdadeiramente cansado, mas ao mesmo tempo feliz?
- Quando você se sente exausto, sempre é um sinal de que não hauriu da fonte do Espírito Santo, mas das fontes turvas das falsas mentalidades, como perfeccionismo ou ter-de-dar-provas-de-si-mesmo.

PARTE IV

O caminho cristão

Exercícios da fé, exercícios no tornar-se um ser humano

Todos os caminhos que a tradição cristã nos oferece podem levar a uma fé madura: a leitura da escritura (capítulo 15), a oração (capítulo 6), a celebração dos sacramentos (capítulo 7), a participação na consecução do Ano Litúrgico (capítulo 8). Depende apenas de entender corretamente os caminhos e trilhá-los de modo que nos levem à maturidade. Para isso, é preciso o óculos certo, a perspectiva correta, com a qual nos acercamos dos caminhos.

Quem trilha esse caminho com um *óculo rigoroso*, torna-se inflexível na caminhada. Quem trilha o caminho com um *ponto de vista moralizante*, torna-se estreito e, muitas vezes, sente-se sobrecarregado. Na verdade, ele modifica alguma coisa em si, mas, ao mesmo tempo, nele cresce o medo de não ser tão ideal quanto aparenta. E ele faz todos os esforços para acalmar sua consciência pesada. As pessoas ao seu redor não veem o que ele fez de si mesmo, mas sentem, através de todas as coisas, a sua consciência pesada, que, também neles, provoca, antes, acanhamento e medo ou, por outro lado, hostilidade.

Precisamos dos *olhos do Espírito Santo*, que nos permitem descobrir a essência do caminho espiritual. Neste caso, os caminhos nos conduzem cada vez mais profundamente no mistério de Deus e de nossa existência humana. Eles nos permitem presumir o que significa ser salvo e liberto, curado e soerguido por Jesus Cristo.

15
A Bíblia

O primeiro caminho da tradição cristã é o *caminho da leitura das Escrituras*, a leitura do texto bíblico. Deus falou para nós. Temos a sua palavra no Novo e no Antigo Testamentos. São as Sagradas Escrituras, que são salutares para a nossa vida.

No entanto, muitas vezes encontro pessoas que têm medo de ler a Bíblia. Nela, elas se deparam permanentemente com as passagens que se referem ao inferno e à condenação. Em vez de se perguntarem o que essas passagens realmente significam, elas estão tão presas ao seu medo que acreditam que serão condenadas de qualquer jeito. Outros leem as Escrituras com um óculo pelo qual veem, em cada palavra, uma acusação a si mesmos.

Se lermos a Bíblia com o óculo falso, o estudo das Escrituras não nos ajudará a trilhar o caminho. Ao contrário, usaremos indevidamente a Bíblia para projetar nela nossos problemas não solucionados. A citaremos constantemente. No entanto, não reproduziremos o espírito de Jesus, mas a própria falta de espírito, justificada com citações bíblicas.

Santo Agostinho já nos mostrou, há mais de 1.600 anos, com que óculo devemos ler a Bíblia. Se uma palavra da Bíblia me aborrece, isso revela sempre que, neste caso, tenho um ponto de vista falso de mim e de Deus. O aborrecimento é, no entanto, também um desafio para trabalhar no meu ponto de vista e permitir que as Escrituras me ofereçam uma outra compreensão de mim mesmo.

> A Palavra de Deus é o adversário de tua vontade, até se tornar o autor da tua salvação. Enquanto tu fores o teu próprio inimigo, também a Palavra de Deus será teu inimigo. Seja teu próprio amigo, então também a Palavra de Deus estará em harmonia contigo.
>
> *Agostinho*

Jesus nos provoca, repetidas vezes, justamente em diversas parábolas. Provoca-nos a olharmos mais precisamente para o que está em jogo na nossa vida e a vermos se a nossa imagem de Deus não é concebida de forma muito estreita. Se me aborrecer com a palavra de Jesus, posso me perguntar que estilos de vida aparecem aí em mim ou que ofensas de minha infância essas palavras evocam em mim ou que imagens demoníacas de Deus são tocadas em mim. Então, o aborrecimento é um ensejo para trabalhar a minha imagem própria e a imagem de Deus. *Compreender a Palavra de Deus significa: compreender a si mesmo de novo.* E significa: tornar-se seu próprio amigo. Ao lidar amigavelmente comigo mesmo, também a Palavra de Deus é minha amiga. E inversamente: a Palavra de Deus quer me convidar a lidar bem comigo mesmo, a tornar-me um amigo de mim mesmo. Aí estou em harmonia com a Palavra de Deus, comigo mesmo e com Deus.

Em oposição aos leitores "fundamentalistas" que utilizam a Bíblia como arma, há também os leitores e as leitoras "liberais" que prefeririam eliminar as passagens da Bíblia que não lhes convêm. E eles mesmos não estão dispostos a se deixarem questionar por ela. Quando um texto bíblico me ofende ou me aborrece, seria importante verificar que ofensas antigas são abordadas em mim nesse caso. Desse modo, o texto bíblico poderia me convidar a examinar minhas mágoas anteriores e tratá-las de modo que possam ser curadas. Quando não as ofereço ao amor terapêutico de Deus, elas obstruem o olhar nítido para as suas palavras na Bíblia. Neste caso, descarto um número cada vez maior de passagens bíblicas como não mais adequadas à época. No entanto, esse é um modo errôneo de lidar com a Bíblia e não um caminho libertador e terapêutico.

Quando lemos a Bíblia não se trata de investigar exatamente o que os autores imaginaram naquela época ou qual teologia que está por detrás. O Papa *Gregório o Grande* acredita que na Palavra de Deus deveríamos descobrir o coração dele. Na leitura da Bíblia, portanto, sempre se trata de encontrar o coração de Deus e, em Deus, encontrar a mim mesmo de maneira nova. Ler a Bíblia é sempre algo subjetivo. Eu mantenho um diálogo entre a palavra que leio e a minha vida concreta. Minha vida interpreta as Escrituras, e as Escrituras interpretam a minha vida. Quando entendo o texto, entendo melhor a mim mesmo. Ao ler a Bíblia, sempre me pergunto, por conseguinte:

- O que Deus quer me dizer agora, neste instante, por meio desta palavra?
- Que imagens emergem em mim? Que associações me ocorrem?
- Qual é o impulso para mim hoje?

Muitas vezes, é melhor nem sequer "pensar" muito, mas simplesmente deixar a palavra cair no coração. Eu digo para mim então: "Esta palavra descreve a verdadeira realidade. Quando essa palavra está certa, como me sinto, como percebo o mundo e a mim mesmo?" Ao deixar a Palavra de Deus cair no meu coração, ela provoca em mim paz e liberdade, amplitude e amor.

É bom *ler a Bíblia sozinho*. De preferência, comece pelos Evangelhos. Inicie com o Evangelho de Marcos, e leia-o do começo ao fim. Tente imaginar Jesus, discutindo com os fariseus, debatendo com você mesmo. Imagine as cenas das histórias de cura. Você é o leproso, que não se suporta, que é incapaz de aceitar a si mesmo e que, portanto, se sente rejeitado pelos outros. Você é o paralítico: o medo paralisa, bloqueia, impede-o de sair de si mesmo. Você é o cego: fechou os olhos

110

para si mesmo. E, em seguida, imagine o que Jesus faz ao doente naquela época e o que Ele quer dizer para você hoje e como quer tocá-lo hoje. Trata-se sempre de simultaneidade, jamais da reflexão sobre uma história que se passou há muito tempo. Hoje deve nos suceder o que sucedeu às pessoas naquela época. Lucas diz isso claramente quando fala sete vezes de "hoje". Para Zaqueu – o chefe dos cobradores de impostos que é tomado por complexos de inferioridade e que, por isso, diminui os outros e que precisa comprovar seu valor por meio de sua riqueza – Ele diz: "Hoje devo ficar em tua casa" (Lucas 19,5). Hoje Jesus quer se hospedar em nossa casa. Ao permitirmos que Jesus entre em nossa casa, percebemos agora a confirmação: "Hoje a salvação entrou nesta casa" (Lucas 19,9).

O objetivo da leitura da Bíblia é que nos tornemos curados e inteiros, que nossas feridas sejam saradas, que possamos nos reconciliar com nossa vida e abrir nossos olhos para o Deus que Jesus nos anunciou de modo completamente diferente que os escribas. Estaremos lendo a Bíblia corretamente se o comentário de Marcos se aplicar a nós: "Ficavam admirados de sua doutrina, pois Ele os ensinava como quem possui autoridade e não como os escribas" (Marcos 1,22). Você não poderá ler a Bíblia refestelando-se tranquilamente.

Você deve se envolver com ela, deixar-se provocar por ela. Então, os seus olhos abrir-se-ão, e você descobrirá de novo a si mesmo e a Deus.

No entanto, também é bom *ler a Bíblia em comunidade*. Neste caso, não se trata de propagar seu conhecimento da Bíblia. Antes, cada um deve dizer o que o toca e desperta seu interesse e que associações emergem nele. As várias visões irão considerar o texto bíblico a partir de diversos ângulos e revelar elementos novos. Os pontos de vista dos outros me estimulam a descobrir, eu mesmo, elementos novos no texto. Juntos, criamos, então, uma atmosfera de ser-tocado. De repente, o texto se torna acessível. E nos sentimos como que tocados e soerguidos por Deus, amados e curados por ele.

• Quais são suas passagens bíblicas preferidas? Ao deixar estas palavras entrarem em você, o que elas provocam?

• Que passagens bíblicas o aborrecem? Por que o aborrecimento cresce? O que justamente estas passagens importunas querem mudar em você?

• Como a sua imagem de Deus e a sua imagem própria deveriam se modificar, para que você corresponda a essa palavra de Deus?

16
A oração

O segundo caminho que nos leva a uma fé madura é *a oração*. Muitos se queixam hoje de que não sabem rezar corretamente. Acham que rezar sempre significa falar para Deus. E, muitas vezes, não sabem o que devem dizer. Ou não encontram as palavras certas para a conversa tão especial com Ele.

Oração nem sempre é uma conversa. Em primeira linha, oração é encontro com Deus. Encontro Deus com minha própria verdade. Ofereço-me a Deus. Neste caso, não preciso necessariamente ser devoto. Sinceridade é, sobretudo, o que se procura. Sento-me diante de Deus e deixo surgir em mim tudo o que quer aparecer. No entanto, não fico refletindo sobre os diversos pensamentos. Simplesmente ofereço a Ele os pensamentos e sentimentos, as intuições e os temores, as decepções e mágoas. Essa oferta pode se dar com palavras. Digo a Deus como estou, o quanto essa pessoa me magoou. Porém, em seguida, procuro também ficar em silêncio e, para dentro do silêncio, escutar o que Ele diz a esse respeito. Muitas vezes não ouvirei nada. Mas só o fato de escutar dentro do silêncio muda minha atitude diante dos pensamentos e sentimentos. Deixo-me questionar por Deus. Isso me transforma.

Também é suficiente imaginar que Deus emana luz e amor em meus medos, em minhas feridas, em minhas decepções e dúvidas. Neste caso, sinto-me, com tudo o que existe em mim, aceito e amado por Deus. Isso me ajuda a ter paz, em todas as turbulências internas. Em todas elas existo diante de Deus e no amor de Deus. Paro de acusar a mim mesmo, de refletir sobre o que deveria ter feito melhor. Estou sentado diante de Deus e sinto uma profunda paz interior. Sinto-me aceito por Ele. Desse modo, posso aceitar melhor a mim mesmo, assim como sou.

O *objetivo da oração* é que eu, apesar de tudo o que disse e ofereci a Deus, alcance a paz. Pode ser a paz diante de Deus, uma paz bem pessoal em que sei que sou visto e amado por Deus. Há, porém, ainda uma outra paz, a paz como espaço de silêncio que existe em meu ser. Em mim há um espaço de completa paz. A esse espaço, as pessoas, com suas expectativas e pretensões, com seus juízos e preconceitos, com suas palavras agressivas e ofensivas, não têm acesso. A esse lugar interior, as minhas autoacusações, as minhas preocupações, os meus medos e os meus sentimentos de culpa tampouco podem avançar. É o *espaço do silêncio em que o próprio Deus habita em mim.* E lá onde Deus mora em mim, estou livre do poder do ser humano e da desvalorização própria. Os monges falam do espaço sagrado em mim. O sagrado é o que se subtrai ao mundo; sobre ele o mundo não tem poder. Ali, no espaço sagrado em mim, sou curado e inteiro.

A palavra grega para sagrado é *hagios*. Daí deriva o termo alemão *"behaglich"* [confortável]. No espaço sagrado, sinto-me confortável, abrigado. Ali estou num recinto protegido em que nenhum projétil hostil pode penetrar. E é o espaço em que mora Deus, o mistério. Ali onde o mistério mora em mim, posso estar em casa. O termo alemão *"Heim"* [casa] deriva de *"liegen"* [estar situado, residir] e *"Lager"* [acampamento]. Estou em casa ali onde resido, onde descanso, onde posso relaxar, porque estou protegido e seguro. No espaço interior do silêncio posso estar em casa, porque Deus mora em mim e porque posso me deixar cair nas mãos afetuosas dele.

Também nesse espaço interior do silêncio, trata-se, no final das contas, de um encontro. Ali encontro Deus, o mistério inexprimível. Para mim, o encontro é o elemento decisivo na oração cristã. Não foi por acaso que um teólogo e filósofo judeu, *Martin Buber*, desenvolveu uma filosofia do encontro, e não um autor budista ou hinduísta[35]. Na meditação Zen, o que está em jogo não é um encontro, mas um tornar-se-um e um esvaziar-se.

---

35. *Martin Buber* (1878-1965). O filósofo da religião judaica concentra a experiência bíblico-judaica no acontecimento do encontro dialógico: "O eu vem a ser no tu".

Certamente, esse é um caminho importante. Mas, para mim, falta o tesouro do encontro.

O essencial sucede no encontro. Ali encontro a mim mesmo e o mistério de minha existência humana e encontro a Deus, o mistério insondável. Neste encontro, surge uma paz preciosa, da qual não se consegue mais falar. Ali sucede repetidamente o tornar-se-um e o ser-um. Mas esse ser-um nunca é uma posse, mas sempre a dádiva de um encontro em que me abro e deixo Deus entrar em mim.

• Você pode perceber este espaço interior do silêncio ao cruzar as mãos sobre o peito. Você fecha, de certo modo, a porta e, agora, não deixa mais ninguém e nenhum pensamento entrar neste espaço. Imagine que no seu interior está o espaço em que você é curado e inteiro. E imagine que, ali, no seu íntimo, é completamente tranquilo. É o espaço em que o próprio Deus mora em você. Talvez você vislumbre então que, ali onde Deus mora, você é inteiramente você mesmo – livre, curado e inteiro.

17
Os sacramentos

Um lugar em que encontramos a Cristo – o salvador, o santo e restaurador – são os sacramentos. Os sacramentos querem acompanhar as principais fases e passagens de nossa vida. Hoje se fala de *rites de passages*, "ritos de passagem". Muitas pessoas têm medo de passar pelos limiares que a vida nos mantém à disposição: o limiar do nascimento, do tornar-se adulto, do matrimônio, da culpa, da doença e do morrer. Os sacramentos nos ajudam para que a passagem para uma nova fase de nossa vida dê certo.

Como ritos de passagem, os sacramentos têm a ver com nossa maturidade. Não há uma maturidade completa. Inclusive nas plantas há crises e passagens; com maior razão, elas existem entre os seres humanos. E essas passagens devem ser acompanhadas, para que deem certo. Hoje, muitos têm dificuldade para lidar com os sacramentos. Acreditam que eles não têm lugar em sua vida. No entanto, ao observarmos mais detidamente os sacramentos, concluímos que são ritos maravilhosos que nos ajudam a viver mais conscientemente e a superar melhor os desafios de nossa vida.

Batismo e crisma

Recebemos só uma vez os Sacramentos do Batismo e da Crisma. Nem sequer compreendemos o batismo, uma vez que, na ocasião, ainda éramos crianças. Mas temos muitas oportunidades de nos lembrar do batismo e da crisma. Eles nos revelam aspectos essenciais de uma fé madura. No batismo fomos aspergidos com água. Numa Igreja Católica podemos pegar água-benta na entrada e, dessa maneira, lembrar-nos do batismo. Tornamo-nos cientes de que em nós flui uma fonte que não seca. Justamente quando estamos exaustos, podemos recordar que a fonte do Espírito Santo está em nós, para que jamais sequemos e nunca nos esgotemos. Água purifica. No batismo foram lavadas todas as turvações que obscurecem nossa imagem original e genuína. Na água-benta lavamos as turvações que hoje novamente se insinuam em nós, turvações que nós mesmos nos infligimos por meio de autoacusações e autodesvalorizações. Mas limpamos também as turvações decorrentes das imagens que os outros nos impõem, as expectativas dos pais, dos empregadores, dos colegas, dos amigos. Ao recordar o batismo, libertamo-nos de tudo o que modifica nossa essência. Entramos em contato com o esplendor original de nossa alma.

No batismo fomos ungidos rainhas e reis, sacerdotes e sacerdotisas, profetas e profetisas. É bom lembrar que somos pessoas régias, que nós mesmas vivemos, em vez de sermos vividas, que reinamos sobre nós mesmas e não somos dominadas. Como sacerdotes e sacerdotisas somos guardiões do sagrado em nós e nas pessoas. Como guardiões, temos um efeito terapêutico sobre as pessoas. Libertamo-las do terror do mundo ao qual muitas vezes estão expostas, e as lembramos do sagrado que há nelas, em que são curadas e inteiras. E, como profetas e profetisas, confiamos poder expressar algo de Deus neste mundo que somente pode ser expresso por meio de nós. Nossa vida é única. Por meio de nós, repercute algo de Deus neste mundo que somente pode ressoar pela nossa vida.

A *crisma* é o sacramento do tornar-se adulto. Corresponde aos ritos de iniciação em muitos povos. Na África, os jovens e as jovens de doze anos são levados, separadamente, para a selva e devem suportar rituais severos que os introduzem no tornar-se adulto. O termo alemão *firmung* (crisma), bem como "confirmação", vem do latim *confirmare*, que significa "fortalecer". Na crisma, somos ungidos com o Espírito Santo, para, na força dele, assumirmos a responsabilidade pela nossa vida e, como os discípulos, nos tornarmos testemunhas de Jesus Cristo neste mundo. Eles tinham a coragem de dizer o que sentiam no coração. E suas palavras eram inspiradas pelas línguas que pairavam sobre eles como línguas de fogo. Lucas descreve o Pentecostes como evento linguístico.

Muitas vezes, nossa linguagem é fria. *Henri Nouwen* acredita que muitos assistentes espirituais falariam como se suas palavras viessem de uma lata vazia[36]. Às vezes, nosso falar a respeito da fé é igualmente vazio e frio. Neste caso, todas as doutrinas de nada valem; falta o fogo. Sem o calor do Espírito Santo nossa linguagem se torna, muitas vezes, uma linguagem que despreza o ser humano e divide as pessoas. Com nossas palavras, as pessoas começam a ficar com frio. A crisma é a lembrança de que, em nós, arde uma paixão que nos livra de sermos extintos. E ela nos convida a deixarmos o fogo aceso em nossas palavras de modo que aqueçam, soergam e delas partam faíscas que acendam os outros.

A Eucaristia, a ceia de Jesus

A *Eucaristia* é o sacramento que os cristãos católicos celebram todo domingo, sim, todo domingo. Para muitos, ele perdeu o sentido, e não lhes diz muito. Também neste caso, é importante que, repetidamente, tenhamos a consciência daquilo que celebramos neste sacramento. É a celebração da transformação. Na Eucaristia, no pão e no vinho, oferecemos nossa vida com tudo o que

---

36. *Henri Nouwen* (1932-1996). O sacerdote e teólogo católico renunciou a uma carreira como professor da universidade de elite americana Yale e se juntou ao movimento "Arca", fundado por Jean Vanier, que defende uma vida em conjunto com pessoas deficientes. Nos seus escritos espirituais se refletem as questões e os temores do homem moderno assim como seu esforço pessoal para obter respostas a partir da fé cristã. Seu diário sobre uma permanência de seis meses num mosteiro é famoso mundialmente "Ich hörte auf die Stille" (Freiburg im Breisgau, várias edições).

nos incomoda e extenua, com nossa desunião interior e com nosso amor, muitas vezes misturado a pretensões de posse e a sentimentos agressivos. Oferecemos nosso cotidiano, para que seja transformado pelo Espírito de Deus. A Eucaristia é, por conseguinte, uma preparação para o cotidiano. No nosso cotidiano, deve ficar visível que nos tornamos pão e vinho para os outros e que, em tudo o que fazemos, transluz o Espírito de Jesus Cristo. É bom oferecer a Deus diariamente tudo o que hoje tomamos nas mãos, para que seja transformado pelo Espírito dele e para que Jesus se torne visível em tudo o que falamos e fazemos.

A Eucaristia é a celebração da morte e da ressurreição de Jesus. A morte e a ressurreição são sinais de que não há nada em nossa vida que não possa ser transformado. Não há escuridão que não seja permeada pela luz, não há sepultura em que não ressurja a vida, não há paralisia que não possa ser superada, não há fracasso que não possa se tornar um recomeço. Em cada Eucaristia, celebramos que nossa vida dá certo quando atravessamos todas as rupturas, todos os fracassos, todas as trevas e toda a morte, de modo que, repetidamente, ressuscitamos com Cristo do túmulo do nosso medo e da nossa resignação, da nossa solidão e depressão, para a amplitude e a liberdade da vida divina.

Na Eucaristia, celebramos a entrega de Jesus. Jesus designa a si mesmo de o bom pastor que dá sua vida em favor de suas ovelhas. Todos nós ansiamos que al-

121

guém se entregue em nosso favor, que engaje sua vida em nosso benefício, que sejamos tão importantes para alguém que este morra por nós. Sobre essa entrega podemos construir nossa vida. Ela é uma base sólida para nossa vida. Celebramos o amor de Jesus com o qual Ele se entregou em nosso favor na morte, para preparar a nós mesmos para a entrega. Porque a nossa vida só produzirá frutos se nos entregarmos, se nos envolvermos com a vida, com as pessoas, com o trabalho. Sem entrega ficamos paralisados. Só quando a vida flui, ela traz frutos e abençoa a nós mesmos.

A Confissão

A *Confissão* é uma boa oferta no caminho espiritual; pois, em muitas ocasiões, também sentimos culpa. Vivemos ao largo de nós mesmos. Faz bem à alma humana enfrentar conscientemente também seus lados sombrios e, inclusive diante de um representante da Igreja, falar não da história de sucesso pessoal, mas, antes, dos insucessos e dos erros e fracassos. *C.G. Jung* acredita que isso corresponde à consciência humana. Não podemos falar apenas de nossos pontos fortes. É preciso também um lugar em que expressamos nosso lado menos edificante e, apesar disso, experimentamos aceitação incondicional.

No entanto, muitos fizeram da confissão, antes, um instrumento de infantilidade. Confessaram porque temiam – por causa de seus erros – não serem dignos de participar da Eucaristia. No entanto, isso contradiz a verdadeira intenção da confissão.

Lidar de forma madura com a confissão significa falar, de tempos em tempos, conscientemente sobre casos em que vivo ao largo de mim mesmo, em que me recuso a viver. Na conversa confessional e na experiência da absolvição, posso dar um novo rumo à minha vida, posso levar a cabo a conversão e a penitência. Conversão significa, sobretudo, transformar o meu pensamento. E penitência significa: fazer as coisas melhor do que fiz até agora. Na absolvição, experimento que sou aceito incondicionalmente, que todas as coisas inaceitáveis em mim são aceitas. Isso me liberta de autoacusações e me possibilita perdoar a mim mesmo e libertar-me do peso do passado que arrasto comigo.

É verdade que algumas pessoas confessam, mas são incapazes de perdoar a si mesmas. Elas estão tão presas à sua imagem ideal que não conseguem se perdoar pelo fato de terem entrado em contradição com essa imagem. Confesso corretamente quando estou disposto a me libertar de toda dilaceração própria por meio de sentimentos de culpa e a perdoar a mim mesmo, a admitir que, apesar de toda minha culpa, mesmo assim, sou amado por Deus, e a me amar como essa pessoa comum que, em muitas ocasiões, comete erros.

O Matrimônio

Viver o matrimônio como um caminho para a fé madura significa não só dar forma e realizar conscientemente a celebração do casamento. Pois isso sucede, em regra, apenas uma única vez na vida. Antes, significa viver a partir do Sacramento do Matrimônio. A essência do sacramento é que algo visível aponta para o mistério invisível de Deus. Isso pode ser um alívio para a vida matrimonial.

O amor que experimento de meu parceiro é o sinal do amor invisível de Deus que sempre me envolve. Muitas vezes, os matrimônios acabam porque esperamos demais do parceiro. Esperamos dele amor e proteção absolutos. No entanto, algo absoluto nenhum ser humano pode nos oferecer. Porém, quando sei que o amor que recebo do parceiro me remete ao infinito amor de Deus, posso desfrutar o amor limitado dele. Não o sobrecarrego com minhas expectativas exageradas, mas posso aceitar agradecido o que ele pode me oferecer. Estou livre da pressão de sempre ter de sentir amor.

O sacramento me remete a um amor que é mais profundo que o sentimento, a um amor que aceita os outros incondicionalmente e lhes é fiel, e a uma fonte do amor divino que flui em mim e nunca seca, exatamente porque é divina.

A Unção dos Enfermos

A *Unção dos Enfermos* quer oferecer-me condições de reconciliação com minha doença e a possibilidade de ver nela um caminho para Deus. Em muitas ocasiões do caminho da humanização irei experimentar também a doença. Posso ignorá-la ou tentar reprimi-la. No entanto, nesse caso, ela nada me ensina. Ver a doença à luz de Deus significa dizer adeus às ilusões que fiz da vida. Uma ilusão consiste em acreditar que preciso apenas me alimentar de modo saudável, viver de modo salutar e rezar suficientemente que, neste caso, nada poderá me acontecer nem ficarei doente. Porém, eu não posso garantir minha saúde.

O Sacramento da Unção dos Enfermos me convida a compreender a doença como um desafio espiritual. A doença desafia-me a refletir sobre o sentido da minha vida. O sentido não consiste em alcançar a maior idade possível, mas em deixar, de modo cada vez mais claro e evidente, a minha marca de vida bem pessoal neste mundo.

Na doença posso vivenciar Deus de maneira diferente, não mais o Deus de que posso dispor, mas o Deus totalmente outro, que está ao meu lado e dentro de mim também na minha doença. Quando aceito a doença dessa maneira, ela me torna permeável para Cristo de uma maneira nova. E se torna bênção para os outros. Não me despedaço com a doença, mas amadureço.

- Quais são suas experiências com os sacramentos? Quais sacramentos cunharam a sua vida? Com quais sacramentos você tem dificuldades?
- Imagine que, em cada sacramento, o próprio Cristo toca-o para curar as suas feridas, para tomar a sua mão, para apoiá-lo, para transmitir-lhe que você é aceito incondicionalmente.
- Talvez você acredite, então, que todo sacramento é um passo para um ser humano pleno, que você, com cada sacramento, atravesse um limiar que conduz a um novo domínio de sua personalidade e a novos domínios da experiência de Deus.

18
O Ano Litúrgico

O *Ano Litúrgico* quer nos introduzir cada vez mais no mistério da humanização. Para *C.G. Jung*, o Ano Litúrgico é um *sistema terapêutico*. Nas diversas celebrações são expressos aspectos de nossa alma. Isso nos coloca em contato com a sua riqueza. E isso mantém todos os lados de nossa alma na luz da salvação por meio de Jesus Cristo. Nas celebrações, nos envolvemos cada vez mais no mistério de nossa salvação e cura. Ao nos envolvermos dessa maneira nas celebrações do Ano Litúrgico, todo ano somos confrontados novamente com outras facetas de nossa humanidade. E todo ano experimentamos um pouco mais de cura.

O Evangelista Lucas compreende o Ano Litúrgico no sentido de que o ano da salvação, que Jesus viveu outrora e em que Ele curou e soergueu as pessoas, se crava cada vez mais profundamente na nossa história de vida e na história deste mundo e, desse modo, transforma cada vez mais nossa história. A seguir, gostaria de apresentar apenas alguns aspectos da relação madura com o Ano Litúrgico.

Advento e Natal: o nascimento de Deus

O *advento* é o tempo do anseio. Na paz que antecede o Natal, devemos entrar em contato com nosso anseio. Esse é despertado por meio dos textos da liturgia, bem como dos símbolos do período do advento, como a coroa de advento e a luz de velas.

Hoje, muitas pessoas sofrem com os vícios, não só os vícios químicos, como a dependência do álcool e das drogas, mas dos diversos vícios, como a compulsão ao trabalho, ao jogo ou ao relacionamento. A época de advento quer transformar nossos vícios novamente em anseio. A verdadeira cura do vício não sucede apenas por meio da disciplina, mas ao entrarmos novamente em contato com o anseio que queríamos reprimir por meio de nosso vício.

Natal é a celebração do novo princípio. Não estamos predeterminados pelo passado. Se Deus nasce em nós, é possível um novo começo. E o Natal é a celebração em que entramos em contato com o espaço interior da paz em nós. Neste espaço do silêncio, Deus quer nascer e nos colocar em contato com nosso verdadeiro si-mesmo, com a nossa imagem dele original e autêntica.

O ciclo da Páscoa: nova vida

A *quaresma* é um período de preparação para a liberdade interior. Faz bem para nós preparar-nos todo ano, durante sete semanas, para a liberdade interior.

Descobrimos que, frequentemente, nos tornamos dependentes não apenas do álcool, mas também do café, da boa comida, de qualquer outro hábito. Neste caso, faz bem romper com esses hábitos e conscientemente viver de outra maneira do que de costume. Isso nos dá o sentimento de que nós mesmos ainda vivemos e não somos vividos por nossas necessidades. A quaresma é um teste da nossa liberdade interior e, ao mesmo tempo, um período de preparação para configurar nossa vida novamente de maneira consciente e livre.

Na *Páscoa* celebramos, então, a festa da nova vida, a ressurreição do túmulo de nosso medo e da nossa tristeza, do túmulo de nossa autopiedade e de nossa escuridão. Na Páscoa, expressamos, com cantos e danças, a liberdade interior. Confiamos que não há nada enrijecido em nós que não possa desabrochar para a nova vida, que não há escuridão em que não penetre a luz, que não há fracasso que não conduza a novas oportunidades.

Durante cinquenta dias, trilhamos na Páscoa o caminho da ressurreição para que esta se grave cada vez mais em nossa vida. Os textos, os cantos e as celebrações da Páscoa querem nos indicar o caminho para a vitalidade e a liberdade cada vez maiores, para o amor e a alegria cada vez mais profundos.

No *Pentecostes*, a plenitude da vida quer então florescer em nós. Cinquenta é o número da consumação. Ali se arredonda em nós tudo o que era anguloso e escarrapachado. Cinquenta é também o número da liberdade. Os judeus libertavam os escravos. Pentecostes é a promessa de que nós, por meio do Espírito de Deus, nos tornamos verdadeiramente livres, de que não há mais escravos em nós que precisemos subjugar, de que, antes, tudo em nós se abre em liberdade para a plenitude de Deus. Desse modo, todo o Ano Litúrgico é um convite para enfrentar a própria realidade, a realidade de viver e de morrer, dos nossos vícios e dependências, dos nossos medos e tristezas. Se festejarmos assim o Ano Litúrgico, ele será um caminho que nos conduzirá à liberdade e à maturidade cada vez maiores. Tudo o que está inserido em nossa alma é mencionado e apresentado. É confrontado com o caminho de Jesus e, por meio dele, é transformado. Hoje, muitos perderam o sentido para o mistério das celebrações. Veem apenas a obrigação exterior de ir à igreja. É preciso também uma preparação interior, para que as celebrações se tornem para nós uma fonte de renovação. Este é seu sentido original: que o frescor da origem entre no ambiente empoeirado de nossa vida. A cura que, há dois mil anos, as pessoas vivenciaram por meio de Jesus deve se tornar vivenciável para nós nas celebrações. Dessa maneira, nossa vida se torna, a cada ano, um pouco mais curada e livre. E nos desenvolvemos cada vez mais para dentro da forma única que Deus imprimiu a nós.

- Quais as celebrações do Ano Litúrgico que você prefere? Que épocas do Ano Litúrgico você vive intensamente?
- Celebra-se uma festa apenas quando se pode viver dela. Até que ponto você pode viver do advento, do Natal, da Páscoa, do Pentecostes? Que lados de sua alma são tocados nestas celebrações?
- E o que as celebrações querem provocar em você, que feridas elas querem curar e que lados ocultos iluminar e vivificar?

PARTE V

A forma de uma fé madura

Como se parece, então, uma fé madura, que apoia o seu processo de tornar-se inteiro? Antes de tudo: não há uma imagem uniforme de uma fé madura. Porque maturidade significa justamente que *cada um* encontrou o *seu próprio caminho* de ser humano, que cada um se tornou inteiramente o ser humano único, como Deus o imaginou.

Apesar disso, há alguns aspectos que me parecem válidos para todas as formas, porque neles se mostra e se reflete a força de uma fé madura (capítulo 19).

Na Epístola aos Gálatas, *Paulo* descreve nove características de uma fé madura: trata-se *não de exigências morais* elaboradas por Paulo, mas de *sinais de uma espiritualidade autêntica*. Ele fala do fruto no singular. Quando o Espírito de Deus age em nós, ele se expressa nesse fruto. Os nove frutos descrevem uma espiritualidade que Deus produz no ser humano quando este deixa o seu Espírito penetrar em todos os domínios de seu corpo e de sua alma (capítulo 20).

Quando nos tornamos um ser humano inteiro – diz Jesus –, também temos parte em Deus, entendemos Deus. Porque Deus "faz nascer o sol para bons e maus, e chover sobre justos e injustos" (Mateus 5,45). Somos um ser humano inteiro só quando fazemos brilhar o sol de nossa bondade sobre bons e maus. Neste caso, também o mal e a escuridão em nós se iluminam. E somos inteiros quando fazemos chover sobre o justo e o injusto, quando todas as frentes enrijecidas em nós se dissolvem e a vida inteira começa a fluir. Com essa promessa bíblica de uma fé madura pretendo concluir esse livro (capítulo 21).

19
A força de uma fé madura

Fé e razão

Uma fé madura tem a força de satisfazer meu intelecto. Não devo renunciar ao meu intelecto ao me envolver no caminho da fé. Hoje há uma tendência de descrever a fé apenas como "experiência". Neste caso se estabelece a experiência como algo absoluto e se recusa a compreendê-la e refletir sobre ela com o intelecto. Outro hoje existente é fazer referência apenas às emoções que a fé provoca em nós. No entanto, neste caso, a fé permanece muitas vezes infantil. Imbuímo-nos de belas emoções, mas não enfrentamos a fé de maneira adulta. Devo tentar compreender o que creio. Para isso, é preciso também o esforço do espírito.

Dessa maneira entendeu-o *Anselmo de Cantuária*[37]. Ele fala da fé que busca o entendimento (*fides quaerens intellectum*). Na verdade, não posso fundamentar a fé

---

37. *Anselmo de Cantuária* (1033-1109). Para Anselmo, o esforço contínuo pelo entendimento pertence à essência da fé. Seu objetivo não é, dessa maneira, dissolver a fé num conhecimento fundamentável de modo puramente racional, mas comprovar por meio de argumentos a responsabilização da mesma perante a razão.

com o intelecto; mas o que eu creio deve, pelo menos, ser compreensível para com ele. O intelecto tem de saber onde ele mesmo deve se superar. A fé não deve, na verdade, ser reduzida ao intelecto, mas o mesmo deve poder compreender aquilo de que ele deve se libertar. Senão a fé substituiria o intelecto. Esse ponto de vista de *Santo Anselmo* resulta também em que cada um deve desenvolver a sua própria teologia. É claro que há a vasta tradição da teologia que não devemos omitir. Mas não basta simplesmente engolir o que os outros conceberam. Isso tem de ser compreensível para mim. E eu devo repetidamente esclarecer para mim mesmo o que verdadeiramente creio.

A fé e a dúvida

Pertence a uma fé madura lidar apropriadamente com as dúvidas. Elas fazem parte da fé. No passado, por ocasião da confissão, alguns se acusavam quando tinham dúvidas de fé. No entanto, elas são um componente essencial da fé. Sem a dúvida, eu simplesmente estaria aceitando o que os outros me dizem. Ela me obriga a observar mais precisamente o que eu creio, a questionar minhas próprias concepções de Deus e a me abrir ao Deus totalmente outro e inconcebível.

A dúvida me compele a indagar: Em que creio, efetivamente? O que significa a encarnação de Deus? Como posso compreender o mistério da salvação? O que me espera na morte e depois da morte? Como posso entender as imagens bíblicas e dogmáticas? Onde a imaginação está em jogo? Onde eu projeto em Deus apenas minhas próprias necessidades? A dúvida mantém viva a fé. Não é um antagonismo à fé, mas um componente necessário. Só uma dúvida que questiona tudo e se opõe a tudo seria um adversário da fé. Ela me impele frequentemente para uma fé que posso viver hoje. A fé nunca é uma posse definitiva. Em muitas ocasiões, devo me perguntar em que verdadeiramente creio e como posso também compreender aquilo que creio. Essa compreensão tem de ser conquistada a cada dia. Não é suficiente simplesmente repetir o sermão do ano passado. Devo formular de novo hoje em que eu creio e como compreendo minha fé agora na minha situação concreta.

A fé e a realidade do mundo

Faz parte da força de uma fé madura levar a sério a realidade inteira. Isso significa, por um lado: a realidade da natureza. A fé sempre já se ocupou com os conhecimentos das ciências naturais. Não é aceitável ver Deus apenas como um "tapa-buraco" para aquilo que ainda não sabemos do ponto de vista das ciências naturais. Porque, neste caso, com novos conhecimentos, Deus não seria mais necessário. É preciso, repetidamente, um novo debate sobre a maneira de reconciliar as ciências naturais e a fé.

A fé deve se desenvolver em todas as áreas. Senão, nela, iríamos montar uma teoria que desabaria por meio dos conhecimentos das outras ciências. Como vejo a Deus ao considerar as dimensões do universo? Como concebo a Deus quando estudo a pesquisa com embriões e percebo quanto o ser humano hoje já pode interferir na vida? Aqui a fé madura precisa também de um conhecimento salutar. Do contrário, ela se isola e se tranca em si mesma. Na fé, não devemos fechar os olhos àquilo que a ciência nos apresenta como conhecimento. Somente neste caso ela se torna uma fé responsável, que leva o conhecimento a sério, mas que, ao mesmo tempo, olha mais profundamente, que penetra no fundamento de todo o ser, em Deus – o mistério inconcebível e inexprimível.

A fé e a alma

A outra realidade que vemos na força de uma fé madura é a realidade de nossa fé. No início da ciência psicológica, muitos psicólogos caracterizaram a religião como neurose compulsiva e a consideraram um substituto para a vida não vivida. Isso produziu, há cem anos, uma desconfiança de muitos teólogos em relação à psicologia. Hoje a psicologia vê a fé de maneira diferente. Ela está aberta para a dimensão espiritual do ser humano. A psicologia transpessoal acredita que a necessidade espiritual pertence ao ser humano de modo tão essencial como a necessidade sexual.

O encontro com a *psicologia de Jung* me ajudou, particularmente, a confiar de novo nos símbolos e ritos cristãos e torná-los fecundos para minha vida. A psicologia pode ser uma ajuda para entender melhor os textos bíblicos e redescobrir a sabedoria e a dimensão terapêutica do agir de Jesus. Mas a psicologia tem, para mim, também uma função crítica para minha fé. Ela me indica onde a fé substitui a falta de maturidade. Me revela onde projetei em Deus meus estilos de vida neuróticos e onde minha fé está cunhada por meio de estruturas infantis. Ao mesmo tempo, porém, me convida a desenvolver uma fé madura, considera todo o meu ser humano e o oferece a Deus, para que Ele o permeie, cure e transforme por intermédio de seu Espírito.

A fé madura toma posição diante da psicologia. Ela não se justifica na posição falsa. A fé não deve ser reduzida à psicologia. Mas deve se deixar questionar onde carrega traços infantis e onde contribui para o recalque da realidade psíquica. *C.G. Jung* perguntou certa vez por que tantos teólogos se voltavam contra a psicologia, uma vez que ela pretendia tão somente realizar o paradoxo cristão segundo o qual somente sobe ao céu aquele – e, dessa maneira, cita Efésios 4,8-11 – que, antes, desceu para a terra. Dessa maneira, ele quer dizer: desceu ao reino da própria realidade psíquica, da própria sombra. Só se tivermos a humildade de descer à nossa realidade, o céu abrir-se-á sobre nós. Só então seremos também capazes de vivenciar realmente a Deus como aquele que desceu, em Jesus, ao fundo de nossa humanidade, a fim de iluminar e curar tudo em nós, a fim de incluirmos tudo no caminho de nossa humanização e neste caminho tornar-nos seres humanos inteiros.

20

As características de uma fé madura

*O fruto do Espírito é amor, alegria,
paz, paciência, afabilidade, bondade,
fidelidade, mansidão e continência.*
Gálatas 5,22-23

Amor

Uma espiritualidade madura se revela no amor que parte de uma pessoa. Neste caso, devemos diferenciar entre as exigências por amor e o verdadeiro amor. Muitos sublinham que o amor é o mais importante; mas deles não parte amor algum. As pessoas falam muito de amor, mas nelas não se o percebe. O amor é, por um lado, uma *atmosfera de benevolência e de calidez* que percebemos numa pessoa. Dizemos a uma pessoa que dela parte algo amoroso. Em outras, que pregam o amor ao próximo, muitas vezes olhamos para um rosto severo e nele não conseguimos reconhecer nada deste amor. Por outro lado, o amor se expressa de modo bem concreto *no engajamento em favor dos irmãos e das irmãs*, na disposição de estar do lado deles sem calcular se isso me traz alguma coisa. *São Bento* descreveu esse amor de modo bem sereno. Ele consiste em assumirmos os serviços diários à comunidade, em sermos confiáveis na nossa maneira de lidar uns com os outros e estarmos livres da atitude de julgar e sentenciar os outros.

O amor do qual Paulo escreve é uma força do Espírito Santo. Ele transforma o pensar e o agir do ser humano. Determina tudo o que parte de um ser humano. É como uma fonte de que a pessoa haure e que lhe concede uma nova qualidade, um novo sabor. Neste caso, não se trata de saber se amo esta ou aquela pessoa, se lhe faço justiça e a estimo. Antes, trata-se de que todo falar, pensar e agir flua de uma fonte que Paulo chama de Espírito Santo e que ele compreende como amor. Amor é, para Paulo, um poder divino que se apodera do ser humano e, por meio dele, pode ser vivenciado neste mundo.

Uma espiritualidade madura irradia algo desse amor. É um amor que não deixa os outros com uma consciência pesada, mas com um gosto agradável, com a gratidão e o sentimento de serem aceitos e amados.

> O amor é paciente, o amor é benigno, não é invejoso; o amor não é orgulhoso, não se envaidece, não é descortês, não é interesseiro, não se irrita, não guarda rancor, não se alegra com a injustiça, mas regozija-se com a verdade; tudo desculpa, tudo crê, tudo espera, tudo suporta. O amor jamais acaba.
> 1 Coríntios 13,4-8a

Alegria

Alegria é algo que não se pode ordenar. Tampouco precisa sempre se expressar num convívio alegre. Mas sentimos qual é o estado de espírito básico de uma pessoa, se em tudo o que faz se percebe alegria ou resignação, tristeza ou, até mesmo, amargura. Os antigos monges falavam da alegria da alma e viam nela um critério da autêntica espiritualidade.

O céu está mais alegre quando está claro e límpido e sem nuvens. Assim, uma alma está mais alegre quando nenhuma escura nuvem de tristeza turva a clareza do espírito. Não podemos estar sempre alegres. Devemos enfrentar também a dor e o sofrimento. Neste caso, nossa alma reagirá com luto. No entanto, percebemos na pessoa se, apesar de todo o sofrimento e todo o luto, existe alegria no fundo de sua alma. Muitas vezes, vemos essa alegria brilhar nos seus olhos. E a vemos em seu movimento corporal. Os Padres da Igreja falam da alegria indestrutível. É a alegria produzida pelo espírito. Ela tampouco pode ser destruída por meio de golpes do destino. A alegria amplia a coração. E não julga os outros. Ela contagia e propaga ao redor de si uma atmosfera animada e solta.

Paz

Paz é o terceiro fruto do Espírito. Quem trilha um caminho espiritual deveria fazer as pazes consigo mesmo, com tudo o que existe em si, inclusive com os seus lados sombrios. Só quem vive em paz consigo, propaga paz ao seu redor. A paz não é uma posse definitiva. Deve ser conquistada repetidamente. Pois somos confrontados com novas facetas, que não nos apetecem nem um pouco. Ou nos sobrevêm algo que nos tira do caminho. Neste caso, é preciso, em muitas ocasiões, a disposição de fazer as pazes consigo mesmo e com sua vida e com as pessoas ao seu redor. Somente assim nos tornamos capazes de instituir paz ao nosso redor, uma paz duradoura.

Surge paz quando conversamos e negociamos com o que está dentro de nós. Quem quiser viver em paz consigo não pode ignorar ou omitir nada do que se faz sentir nele. Ele deve levá-lo em conta e, desse modo, iniciar uma conversa. No diálogo, deve descobrir o que esta ou aquela emoção, esta ou aquela paixão quer dele e que espaço ele pretende lhe dar, para que ela não continue a lutar contra ele, mas o sirva.

Paciência

Paciência significa, em grego, *makrothymia*, ou seja, a "grande coragem", o coração amplo. Para *São Bento*, o coração amplo é o critério central de uma espiritualidade salutar. Deus pode morar apenas num coração amplo. Onde somos estreitos e mesquinhos, ele não tem lugar em nosso coração. Ali moram apenas nossas próprias imagens de Deus, mas não o verdadeiro Deus. Quem tem um coração amplo está livre da tendência de julgar ou se irritar continuamente com os outros. Ele tampouco pode se estimular para a observância rígida de normas. Na amplitude, ele sentiu a liberdade do Espírito de Deus. E essa amplitude ele transmite com tudo o que pensa e diz e faz. Sempre que, na Igreja, aparecem fanáticos religiosos, falta-lhes a amplitude do coração. Com seus corações estreitos, propagam ao seu redor a estreiteza. Irritam-se com todo aquele que tem uma opinião diferente da deles. O coração amplo não significa, contudo, lassidão. Bento acredita que somente alcança essa amplitude aquele que percorre o caminho estreito da vida monástica. Tenho de atravessar pelo caminho estreito do encontro comigo mesmo e do convívio com os outros, para chegar à amplitude.

Devemos, pois, constituir uma escola de serviço do Senhor. Nesta instituição esperamos nada estabelecer de áspero ou de pesado. Mas se aparecer alguma coisa um pouco mais rigorosa, ditada por motivo de equidade, para emenda dos vícios ou conservação da caridade não fujas logo, tomado de pavor, do caminho da salvação, que nunca se abre senão por estreito início. Mas, com o progresso da vida monástica e da fé, dilata-se o coração e com inenarrável doçura de amor é percorrido o caminho dos mandamentos de Deus.

Regra de São Bento

Afabilidade

Afabilidade é o próximo fruto do Espírito. O termo grego *chrestotes* significa, originalmente, "probidade" e "habilidade"; no entanto, pode também significar bondade, afabilidade e moderação. Essa atitude era atribuída com frequência ao soberano. Elogiava-se o soberano quando era moderado e afável. Isso é, para mim, uma imagem importante. Essa afabilidade é algo diferente da amabilidade do garçom que deve ser cordial com os clientes, por mais problemáticos que sejam, o qual, porém, por trás da amabilidade, oculta muita agressão. Enquanto soberano posso ser verdadeiramente afável apenas como alguém que governa sobre si mesmo e que não é governado pelos outros (por exemplo, por clientes e fregueses). Quem aprendeu a conhecer a si mesmo, olha para si com um olhar afável e brando. Desse modo, é capaz de olhar também para os outros com um olhar brando. É afável porque quer e não porque deve. Sua afabilidade respira a amplitude da liberdade.

Bondade

Bondade quer dizer em grego *agathosyne*: o termo significa "meditar sobre o bem", isto é, refletir sobre o bem e pensar o bem dos outros. Bondade significa, portanto, ver o bem em mim e nas pessoas ao meu redor. Ela corresponde àquilo que *São Bento* exige de seus monges: que vejam Cristo no irmão e na irmã.

Devo acreditar no coração bom de cada pessoa. Então, desperto o bem também nela. Alguns cristãos falam do ser humano de forma pessimista. Deploram que os seres humanos são maus, não creem mais, apenas perseguem egoisticamente seus propósitos. É claro que há também o mal. Mas quem olha permanentemente para o mal, revela a si mesmo. Vê o mal nos outros porque, na verdade, o percebe em si mesmo, mas não quer admitir esse fato.

Um critério essencial de uma espiritualidade madura é que eu possa ver o bem no ser humano, inclusive naquele que exteriormente é mau e pratica o mal. Não ignoro o mal, mas vejo através dele o coração bom, em que acredito. O termo alemão *glauben* [crer, acreditar] tem como radical *liob*, que significa "bom, bem". Acreditar significa ver o bem. Portanto, se realmente acreditamos, isso se revela no fato de vermos o bem em nós e nas pessoas.

> Todos os hóspedes que chegarem ao mosteiro sejam recebidos como o Cristo, pois Ele próprio irá dizer: "Fui hóspede e me recebestes". E se dispense a todos a devida honra, principalmente aos irmãos na fé e aos peregrinos. Logo que um hóspede for anunciado, corra-lhe ao encontro o superior ou os irmãos, com toda a solicitude da caridade; primeiro, rezem em comum e assim se associem na paz. Não seja oferecido esse ósculo da paz sem que, antes, tenha havido a oração, por causa das ilusões diabólicas. Nessa mesma saudação mostre-se toda a humildade. Em todos os hóspedes que chegam e que saem, adore-se, com a cabeça inclinada ou com todo o corpo prostrado por terra, o Cristo que é recebido na pessoa deles.
>
> *Regra de São Bento*

Fidelidade

Paulo especifica como próximo fruto a *pistis*. O termo pode significar fidelidade, bem como fé e confiança. Fé, no sentido de São Paulo, não significa considerar verdadeira alguma sentença, mas ter confiança na vida, porque confio em Deus, o verdadeiro fundamento de minha vida, que me oferece firmeza.

Fé tem a ver com firmeza. Tenho uma posição firme sobre a qual posso ficar parado de forma confiante. Sobre uma pessoa fiel pode-se construir. Ela transmite firmeza. Aguenta firme em meio a todas as turbulências. Quem no seu caminho de fé alcançou essa fidelidade torna-se uma bênção para os outros. Não balança com qualquer onda que nele bate. Permanece firme, ainda que os outros fujam. Desse modo, os outros podem se apoiar nele e, na sua proximidade, buscar um fundamento firme para eles. Uma pessoa fiel tem um bom carisma.

As virtudes que Paulo descreve não podem ser exigidas simplesmente com a vontade. São posturas que oferecem apoio a nós e aos outros. São resultados de um longo caminho espiritual. E são vivenciáveis e visíveis para os outros. Percebe-se quando uma pessoa é fiel. As pessoas fiéis nos fazem bem.

Mansidão

O termo alemão *Sanftmut* [mansidão] causa, à primeira vista, a impressão de algo débil. No entanto, *sanft* [suave, brando] deriva de *sammeln* [juntar, reunir]. Manso [*Sanftmütig*] é aquele que tem a coragem [*Mut*] de reunir tudo em si. Ele não separa nada de si, mas vive em paz com tudo o que está nele. Isso lhe permite inclusive lidar educadamente com os outros, reunir os outros ao seu redor e viver com eles pacificamente.

O termo grego para mansidão – que Paulo utiliza – significa, sobretudo, uma atitude moderada e pacífica em relação ao próximo. A pessoa mansa está reunida em si. Não reage aos outros de maneira áspera e raivosa. Essa atitude era enaltecida pela filosofia estoica. Neste caso, o estoicismo não imagina uma aceitação passiva, mas uma serenidade superior que permite inferir uma sabedoria interior. A mansidão designa, para os filósofos gregos, justamente os nobres de espírito e educados. Ela é um adorno da alma.

Evágrio Pôntico elogia a mansidão de Moisés e a mansidão de Jesus. A mansidão tem uma irradiação positiva sobre o ambiente. Quando as pessoas devotas causam uma impressão desagradável, sempre é um sinal de que sua espiritualidade ainda é imatura.

> Não existe, de fato, virtude que os demônios temessem tanto quanto a mansidão. Sabemos que também Moisés – chamado o mais manso de todos os homens – possuía essa virtude. E o Santo Davi mostra que é ela que torna digna a recordação de Deus, quando ele diz: Lembre-se, Senhor, de Davi e de toda a sua mansidão. Mas também o nosso próprio redentor ordenou que nos tornássemos imitadores de sua própria mansidão, dizendo: Aprendei de mim, pois sou manso e humilde de coração, e vós encontrareis paz para vossa alma.
>
> *Evágrio Pôntico*[38]

Continência

Continência é o último fruto do Espírito Santo, que Paulo menciona. Os gregos falam de *enkrateia*. A expressão quer dizer, traduzida literalmente: "Estar no controle" ou "governar sobre si". A espiritualidade madura resulta, portanto, em um ser humano que governa sobre si mesmo e não é dominado pelos outros, nem pela opinião, influência ou comando deles. O ser humano que decide sobre si mesmo é livre em si. Não deixa que os outros o forcem numa direção que não combina com ele. Existe em si mesmo, em sua força. E dele também parte força.

O termo grego *enkrateia* pode significar também abstinência. A continência se revela no fato de que não devo satisfazer toda necessidade, mas que posso decidir livremente o que quero e não quero, o que desfruto e não desfruto. Dominar a si mesmo é algo diferente de

---

38. Evagrius Ponticus. Praktikos [nota 18].

controlar a si mesmo. Há pessoas que querem controlar tudo. No caso delas, a vida certamente sai do controle. Querem parecer pessoas que controlam a si mesmas e as suas emoções. No entanto, quando alguém as critica, logo perdem o controle. No monaquismo antigo, muitas vezes os patriarcas diziam para supostos devotos alguma coisa de forma indelicada para ver como reagiriam. Quando reagiam com irritação, isso era para eles um sinal de que sua maturidade não avançara muito.

Todos os nove frutos do Espírito Santo, que Paulo menciona, são atitudes que nos apoiam, virtudes para que nossa vida seja útil, fontes das quais podemos haurir. Porém, os frutos sempre têm efeito também sobre os outros. Eles produzem em nós uma irradiação boa sobre os outros. Quem encontra esses frutos em si, passa uma energia agradável. Vemos que nele cresceu um fruto maduro. Gostamos de estar perto dele.

Quem, no seu caminho espiritual, se tornou inteiro e maduro, sempre encontra pessoas que conversam com ele sobre as coisas verdadeiras da vida. Sim, muitas vezes os outros começam de repente a se abrir para ele. Eles têm o sentimento: Essa pessoa me entende. Com ela posso falar sobre a minha alma. Ela não julga nem avalia, mas ouve e me aceita.

Numa antiga história monacal conta-se de um irmão que vem ao abbas Serapião e se designa o mais indigno dos pecadores. Serapião não aceita essa autoacusação e simplesmente o aconselha a permanecer em sua cela, que ela ensinar-lhe-ia tudo. Então o irmão reage cheio de irritação:

Seu semblante se alterou de tal forma que isso não ficou oculto ao ancião. Agora o patriarca Serapião lhe disse: Até agora dissestes: Eu sou um pecador, e te acusastes de não ser digno da vida. Depois que, porém, te exortei amavelmente, te tornastes tão feroz. Se quiseres ser humilde, aprende a suportar com brio o que te é transmitido pelos outros e controla tuas palavras vazias. Ao ouvir isso, o irmão caiu aos pés do ancião e partiu com grande benefício[39].

---

39. Apophtegmata patrum 878 [nota 1].

21

A promessa bíblica: ser uma pessoa inteira

O caminho da fé – na compreensão dos monges antigos – passa sempre pela realidade da própria psique. Por conseguinte, uma fé madura se dedica aos pensamentos e sentimentos, aos instintos e às paixões, ao consciente e ao inconsciente, aos estilos de vida que se originam da educação, às ofensas e mágoas. Sem essa dedicação, a fé estaria em perigo de cobrir tudo com uma bandagem religiosa. No entanto, nesse caso, a fé desaba em si, logo que o elemento reprimido se manifesta vigorosamente. A fé madura quer tomar em consideração o ser humano inteiro. Devemos oferecer tudo a Deus, para que tudo que está em nós possa ser transformado por Ele. Somente assim nos tornamos um ser humano inteiro, um ser humano completo, como *C.G. Jung* traduz a palavra grega *teleios*, que convencionalmente é reproduzida com o termo "perfeito". Não devemos nos tornar perfeitos, sem erros, mas inteiros, completos.

Das bordas e das cercas

Uma bela imagem para esse tornar-se inteiro se encontra no Evangelho de Lucas na parábola do banquete. Como sabemos, Lucas é o evangelista de formação grega; ele interpreta a mensagem de Jesus para os gregos. E, para as pessoas cunhadas pela filosofia grega, era especialmente importante indagar como o ser humano, a partir da desunião interior, encontra a unidade e como ele se torna um ser humano inteiro.

Na parábola, Jesus nos conta a respeito de um banquete que um homem organizou. Uma vez que os convidados não queriam vir, porque tinham coisas mais importantes a fazer, o senhor disse ao seu escravo: "Sai depressa pelas praças e ruas da cidade e traze aqui os pobres, aleijados, cegos e coxos. O escravo lhe disse: Senhor, foi feito o que mandaste e ainda há lugar. O senhor falou para o escravo: Sai pelos caminhos do campo e junto às cercas e força as pessoas a entrar, para que minha casa fique cheia!" (Lucas 14,21-23).

O banquete simboliza o tornar-se-um com Deus. Tudo em nós deve vir ao banquete. Justamente o pobre e aleijado, o cego e o coxo em nós é convidado a tornar-se-um com Deus. Isso significa, contudo, também que nos reconciliemos com Ele, que não o excluamos do nosso tornar-se inteiro. E quem estiver pelos caminhos fora da cidade, também será convidado. Isso simboliza tudo o que perdemos nos caminhos poeirentos de nossa vida, o que excluímos de nossa cidade, de nosso centro consciente. Há muitas coisas em nossa vida que um dia percebemos e depois deixamos para trás. Jesus diz: Tudo o que tu algum dia vivestes, deve ser incluído no banquete. Deve tornar-se um contigo e com Deus. Inclusive aquilo que está longe do teu centro interior tem um direito à integração. A fé que Jesus pregou quer o ser humano inteiro, o ser humano que inclui em sua essência e traz para a relação com Deus tudo o que ele vivencia.

Perdido e reencontrado

Também as três parábolas – da ovelha perdida, da dracma perdida e do filho perdido (Lucas 15) – ilustram, segundo a interpretação de Lucas, o caminho do tornar-se inteiro. Cem ovelhas simbolizam a totalidade do ser humano. Ao perder uma, falta-lhe algo essencial. Portanto, é importante procurar essa uma ovelha perdida até encontrá-la. Então, ele pode celebrar uma festa do tornar-se inteiro (Lucas 15,4-6). A mulher que tinha dez dracmas e perde uma, perdeu sua totalidade (Lucas 15,8-9). Ela deve – assim interpreta um outro grego, *Gregório de Nissa* – ir às profundezas de seu inconsciente e, ali, com a luz da própria consciência, procurar a dracma[40]. *Gregório* interpreta a "dracma"

---

40. *Gregório de Nissa* (338/339-394). O teólogo, admirado como um dos grandes doutores da Igreja, elaborou uma síntese autônoma da fé cristã e do pensamento filosófico de sua época. Sua doutrina continuou a repercutir na tradição mística.

como a imagem de Cristo em nós, como a imagem do verdadeiro si-mesmo. Muitas vezes, perdemos nosso si-mesmo por desatenção. Por conseguinte, é preciso estar atento para descobrir e encontrar nossa verdadeira imagem na superficialidade de nossa vida. A festa que a mulher celebra com suas amigas e vizinhas é a festa do tornar-se inteiro com todas as forças psíquicas.

Também na mais bela parábola, a parábola do filho pródigo (Lucas 15,11-32), trata-se do tornar-se inteiro. O pai tem dois filhos. Um filho queria sair pelo mundo. Ele dissipa os seus bens e, por fim, mata a sua fome com comida barata. Faz um exame de consciência, torna a si mesmo e retorna. Seu pai o acolheu afetuosamente e celebrou uma festa alegre: "Porque este meu filho estava morto e voltou à vida, estava perdido e foi encontrado" (Lucas 15,24).

O filho que partira para uma terra distante e ali fracassou reencontra-se. Ele insere sua experiência na totalidade. O filho mais velho, que ficou em casa, fica indignado com a acolhida afetuosa do filho mais novo pelo pai. O pai precisa convidá-lo também para a festa. Também o ajustado, o convencional, o costumeiro, o receoso, o enrijecido deve ser integrado, para que nada se perca em nós.

A cruz

A Bíblia está cheia da imagem da inteireza. Uma imagem da inteireza nos é apresentada diariamente na cruz. Ela é, para muitos povos, um símbolo da salvação, uma imagem da unidade de todos os opostos. Tudo está reunido na cruz – céu e terra, luz e escuridão, Deus e ser humano, homem e mulher, consciente e inconsciente, o coração e a ação. Na cruz, Jesus nos amou até a consumação (*eis telos*). Ali ele incluiu todo o elemento humano no seu amor divino. Tudo em nós é tocado pelo amor de Deus, que se tornou visível na morte e na cruz de Jesus. Por conseguinte, nada mais há em nós que possamos excluir do amor de Deus e do nosso próprio amor. Tudo é amado por Deus. E tudo quer ser integrado em nossa vida.

No Evangelho de Lucas, o oficial do exército romano sob a cruz, o qual se torna testemunha da morte de Jesus, diz: "Realmente, este homem era um justo!" (Lucas 23,47). Para o Evangelho, Jesus na cruz é o protótipo do ser humano justo, do ser humano correto, do ser humano que uniu tudo em si. Desse modo, a cruz nos adverte permanentemente a não recalcarmos, não reprimirmos e não excluirmos nada do caminho para a nossa humanização. A cruz de Jesus Cristo nos dirige um convite para que – a exemplo dele – nos tornemos seres humanos inteiros, reconciliemos em nós céu e terra, Deus e ser humano, homem e mulher, consciente e inconsciente, a fim de que nos tornemos cada vez mais seres humanos justos, seres humanos que fazem justiça a tudo o que existe neles e que, desse modo, vivem de maneira justa e correta.

Passagens bíblicas

Mateus

5,8	12
5,45	134
5,48	51
18,3	42

Marcos

1,22	111

Lucas

14,21-23	156
14,31-32	65
15	157
15,4-6	157
15,8-9	157
15,11-32	158
15,24	158
16,10-12	101

17,10	102
19,5	111
19,9	111
23,47	159

João

9,1-12

10,10

1 Coríntios

13,4-8a	144

Gálatas

5,22-23	143

Efésios

4,8-11	141

Dê um livro de presente!

www.vozes.com.br
vendas@vozes.com.br

Conecte-se conosco:

f facebook.com/editoravozes

◉ @editoravozes

𝕏 @editora_vozes

▶ youtube.com/editoravozes

☎ +55 24 2233-9033

www.vozes.com.br

Conheça nossas lojas:

www.livrariavozes.com.br

Belo Horizonte – Brasília – Campinas – Cuiabá – Curitiba
Fortaleza – Juiz de Fora – Petrópolis – Recife – São Paulo

EDITORA VOZES LTDA.
Rua Frei Luís, 100 – Centro – Cep 25689-900 – Petrópolis, RJ
Tel.: (24) 2233-9000 – E-mail: vendas@vozes.com.br